荷蘭Niksen幸福生活學

無所事事之必要

奧爾嘉·麥金
Olga Mecking——著
王瑞徽——譯

Niksen

Embracing the Dutch Art of Doing Nothing

Contents

引言｜不會吧，又一個健康新潮流？ 005
第1章｜什麼是Niksen？ 031
第2章｜萬一荷蘭人做對了？ 063
第3章｜為何Niksen這麼難？ 099
第4章｜Niksen對你真的大有助益 131
第5章｜讓生活Niksen起來 153
第6章｜萬一Niksen不適合你 187
後記｜打造Niksen烏托邦 221

附錄 …… 237
1 Niksen客宣言 …… 238
2 Niksen小秘訣 …… 242
3 向荷蘭人學習Niksen …… 246
致謝 …… 251

引言

不會吧，又一個健康新潮流？

我坐在沙發上，思索著我日常的一天。每天清晨，我在悅耳的鳥兒啁啾聲中準時醒來。起床前，我先默念一段對宇宙的頌詞，可以振奮人心的，像是「願這神奇的早晨幸福滿滿」，或者「你是人生勝利組」。我會為自己準備一頓健康的早餐，然後面帶微笑、樂觀積極地展開一天的生活。

我是完美的母親、絕佳的妻子、寧靜的化身。當然，我的家也是窗明几淨。孩子們苦惱的時候，我知道該說什麼話來開導他們。我從來不大呼小叫，從來不會不耐煩。我的孩子們總是毫無怨言地做他們的家務，而且一整天都保持從容、沉著。

在我家井然有序運轉的同時，我輕輕鬆鬆地度過一天。上床睡覺時，我感覺這世界多多少少因我而有了改變。

但我的生活並非一直都這麼愜意，曾經有一段時間，我老是覺得疲倦，我認為自己無法勝任一切，覺得自己是個失敗者。我確信自己贏不了。可是現在，我變得前所未有地堅強、自信。我一手攬起落在我身上的所有事務，連氣也不喘一下。最近大家很佩服我，紛紛向我探詢關於生活的建議和巧思。

「奧爾嘉，妳是怎麼辦到的？」他們問我。我很想回答我有天賦異稟，每天早上醒來就這麼完美，想不完美都難！但事實上，我之所以能充分掌握自己的命運，成為最棒的自己，完全要感謝我發現的一個驚人的小秘密。

「什麼秘密？」你會問。

答案是 Niksen，荷蘭的放空藝術。

不是三頭六臂的健康大師

你相信嗎？不信？很好。

上面的故事中唯一真實的是清晨的鳥叫聲，而那是因為我親愛的丈夫多年來看我每天被普通鬧鐘吵醒，同情我，買了一只聲音像鳥鳴的鬧鐘送給我。雖然這確實比原來幾乎是火災警笛聲的鬧鈴好了許多，我的早晨依然忙亂不堪。我有三個孩子，我必須把他們叫醒，讓他們吃完早餐、穿好衣服，然後在八點以前出門到學校去。等到校車來了，我往往也來到精神緊繃到極點的狀態。但這只是開始，儘管我的孩子們在學校，我仍然一刻也不得閒。

夾在孩子、家務、工作和丈夫以及眾多親朋好友之間，工作時間超長，我試著回想上次我真正空閒下來是什麼時候？但怎麼也想不起來。

以前我很擅長這種事：在我小時候，我會坐在床上，或者我父親最喜歡的扶手椅上，盯著地毯的圖案，或者望著窗外，腦袋裡什麼也不想。有時候我父母親會問我在做什麼，然後要我去做家務或寫作業，但我還是有充足時間可以做白日夢。

可是現在身為三個孩子的母親、妻子、作家和公司負責人，我總是匆匆忙忙地趕時間。有時候幾乎像是用一手寫作，用另一手照料我的孩子們；用左腳準備晚餐，用右腳打掃房子。

當然，我知道這是我的選擇，我想要這樣的生活。可是，認知到這點根本於事無補。我，就跟我認識的許多人一樣，實在是太忙了。

我最後一次坐在沙發上什麼都不做，是因為我癱倒在上頭。當時正是學年結束的時候，我累壞了！睡眠不足，身心俱疲。我唯一能做的，就是躺在沙發上發呆，這也是我丈夫下班回家時看見我的樣子。

當時我並沒有想到，像這樣累倒是社會上可以接受一個人什麼都不做的唯一方法。「疾病的吸引力，就在它能夠讓人找回我們社會最大的惡習之一：什麼都不做。」管理學教授卡爾．賽德斯多羅姆（Carl Cederström）和安德烈．史派瑟（André Spicer）在《健康症候群》（The Wellness Syndrome）一書中指出。

究竟是怎麼回事？

生活出了一些狀況，我一點都不喜歡。我累極了，覺得撐不住了，卻不知道該怎麼辦才好。寫了多年關於親職教育的書，我發現壓力是很多人生活中的重大因素，太多人和我一樣，有種撐不下去的感覺。然而，一直到我在一本不知名雜誌讀到一小篇文章，才了解這其實是由一種遠比想像中嚴重的問題造成的，而親子都會受到影響。

兩年前，記者弗胡文（Gebke Verhoeven）在荷蘭《健康》（gezondNU）雜誌上發表了一篇名為〈Niksen是新的正念術〉的文章。我很喜歡這想法，還記得當時我想：「酷！總算有人告訴我，什麼都不做是沒關係的。這樣的健康新趨勢我很樂意支持。」

可是我馬上想到：我怎麼可能什麼都不做？每當我偷空坐下來，我的家就開始對我說話。「洗我，洗我，洗我。」髒衣服用一點都不性感的方式對我耳語。我有沒有提醒孩子們做作業？我的良心逼問我。我環顧家中，發現地上散落著幾本書，廚房流理檯上堆著骯髒的碗盤。家裡沒有食物，真不知道要拿什麼東西做晚餐。當我覺得有必要起來照料這房子，還有住在裡頭的每個人（我自己除外），我又怎麼能只坐在沙發上？新的工作不斷冒出來，要是我坐著不動，我的孩子肯定會生病，不然就是我必須臨時爽約，或者突然想起有別的事要做。我到底哪來的時間去進行所謂的「Niksen」？

然而，讀了那篇文章之後，一股好奇在我心中滋長。荷蘭人稱作 Niksen 的這東西究竟是什麼？為什麼我不能試它一下？於是，我開始對 Niksen 進行廣泛的研究，發現什麼都不做可以帶來極大好處，尤其是對一些像我這樣，感覺自己被責任壓得喘不過氣來的人。什麼都不做，或者 Niksen，確實值得一試。

我的好奇和研究促使我寫了幾篇文章，後來在二〇一九年五月，《紐約時報》刊登了一篇我的故事〈無所事事的實例〉。幾天後，它被傳播開來，被轉發推特、分享、轉寄將近十五萬次。到了七月，Niksen 已經到處可見。

顯然，我碰觸到了人們的痛處。

全世界都想了解 Niksen，我收到來自全球各地媒體的電郵和訪談邀約。出版經紀人和出版公司紛紛徵詢我的出書意願。我原本打算當它是無風起浪（確實就是）予以忽略，但這當中有某種吸引世人的東西，似乎也是不爭的事實。

當我開始收集、分析 Niksen 得到的回應，我了解到，人們受夠了各種讓他們感覺自己做得不夠多、應該更努力地自我精進的健康潮流。事實上這是人們對這觀念很有感的許多原因之一，因為你再也想不出比這更容易的健康法了。

可是我想起另一件事：我們根本不知道該怎麼實踐它。儘管什麼都不做，或者無所事事聽起來很簡單，實際上它一點都不簡單。事實上，如果每次有人問我該如何進行 Niksen，我就能得到一分錢的話，我現在大概已經是百萬富豪了。我了解到，多數人都需要有人來教導如何擺脫忙碌的生活。我寫這本書，正是希望能幫助人們理解什麼都不做該如何進行，讓世人了解，坐在沙發上 Niksen 一下是很正當的事。

到處都有大忙人

真相是，我們太忙、太緊張了。我們被繁重的日常瑣務打敗了，而這讓我們感覺喘不過氣、倉皇又焦慮。我們渴望得到解決方法，到處尋求解答，甚至超越了自己的國界，期待下一本書或文章能幫助我們得到些許寧靜，讓我們能無愧於自身的期許、責任和義務。

根據二〇一九年的一項蓋洛普市調，在全球十五萬人當中，美國人的壓力特別大。這項調查目的是了解世界各地人們的情緒，同時收集了正面經驗（像是：「昨天你笑得多不多？」、「昨天你一整天都感到被尊重嗎？」之類的問題）以及負面經驗（「昨天你是否經歷了痛苦、悲傷、憂慮或憤怒？」）的資料。

美國人不只比其他國家的人壓力更大，他們的憤怒、緊張和憂慮也達到十年來的最高點。這項蓋洛普調查顯示，年齡在五十歲以下、低收入、不支持川普總統的人較常產生心理健康問題。以全球而言，負面情緒的級數和二〇一七年相當，而那也是經過評估最令人沮喪的一年。

在《今日心理學》（Psychology Today）雜誌的一篇網路文章中，心理學者珍．特溫格（Jean M. Twenge）解釋說，儘管人們不承認自己患有抑鬱，但心身症狀的明顯增長卻是事實。「大學生說自己累垮的頻率高了五成，成人也較常說自己睡得不安穩、胃口差、做任何事都很吃力，這些都是抑鬱的典型心身症狀。可是，如果人們直接被問到他們是否『感覺抑鬱』，則二〇一〇年代所獲得的調查結果和一九八〇年代並無太大不同。」

特溫格最為人熟知的是發表在《大西洋》（The Atlantic）雜誌的一篇被廣為流傳的文章，她在該文中主張，智慧型手機是讓青少年普遍患有抑鬱症的罪魁禍首。根據特溫格的說法，抑鬱症狀的增長與我們的人際關係和社區連結越來越弱，我們越來越把生活目標放在金錢等有形的物質上，以及與我們不斷高漲的期望有關。你可以想像，有這麼多的期望和目標，人們不可能有太多機會做 Niksen。

在英國，情況也好不到哪裡去。YouGov 市調和數據分析公司研究英國的壓力等級，發現在二〇一七年，百分之七十四的英國人壓力太大了，大到讓他們難以招架。將近半數的問卷受訪者表示，壓力導致他們養成不健康的飲食習慣，三分之一的人承認自己的飲酒量增加了，百分之十六的人說他們因為壓力而抽更多菸。將近半數的受訪者覺得抑鬱，三分之二的人感覺焦慮不安。令人擔憂的是，三分之一的受訪者承認曾有自殺念頭。被列舉出來的主要抑鬱原因有財務問題、追求成功的社會壓力和住房煩惱，還有親人健康狀況的惡化。此外，《鏡報》（The Mirror）所做的一份兩千人問卷調查顯示，有半數英國人覺得「時間不夠用」，而多數人覺得「壓力大到毫無生活樂趣」。

也難怪刊登在《紐約時報》的一篇關於什麼都不做的文章，竟能引起如此廣泛而熱烈的迴響。多數西方國家的居民或許都渴望能休一天假，休息一下。其實許多國家都辦得到，只要他們向荷蘭這個提供大量假日、絕佳社會保險網絡以及良好的工作和生活平衡的國家看齊。在這樣的國家，Niksen，或者什麼都不做的藝術，往往占有穩固而廣受認可的一席之地。

我會不會弄錯了？

許多評論者，大部分是荷蘭人，指稱我平空造出一種流行趨勢。我真心希望自己擁有獨力開創一股世界性潮流的力量和創意，但事實上我沒有。你見過我嗎？我每天都穿牛仔褲、T恤，我壓根不是一個引領風潮的人！

然而，我相信身為一個打從十年前就移居到這裡，並一直在觀察的局外人，我可以對這個國家和本地習俗提供一種獨特而客觀的視角。荷蘭人顯然對自己的文化有著深刻了解，但有時候只有局外人能看清楚一些對當地人而言稀鬆平常的議題。在我看來 Niksen 正是這樣的議題，對荷蘭人來說太平常了，也許他們根本沒留意。

然而，這些批評確實讓我懷疑，Niksen 真的是荷蘭的產物嗎？荷蘭語並非我的母語，我也不是在荷蘭出生的，我會不會誤解了 Niksen 的意思？一個住在這裡並且和荷蘭男人結婚的美國友人告訴我，她沒聽過有誰這麼做。然而，儘管有人持懷疑態度，所有我請教過關於 Niksen 問題的荷蘭人，全都馬上理解它的意思，縱使有些人聲稱他們沒這麼做。

身為作家、記者，我一直緊密觀察著這個國家和它的居民，而我可以告訴你，Niksen 是不折不扣的荷蘭文字，而文字的出現通常都伴隨著某種觀念或哲思。在荷蘭，它的涵意是無可爭議的。另一方面我也發現，荷蘭人和我們所有人一樣，對 Niksen 這件事十分掙扎。這讓我欣慰多了。

不管有意無意，荷蘭人確實創造了許多理想條件，讓他們可以比其他文化和國家的人更輕鬆地奉行 Niksen。在我看來，荷蘭是實行 Niksen 的完美環境。然而，我最喜歡的關於 Niksen 的許多地方之一是，儘管它是一個荷蘭語彙，它並不專屬於荷蘭人所有。事實上，正如你將在本書中發現的，許多文化都有什麼都不做的概念。

關注話題：局外人的優勢

我出生在波蘭一個多文化、多語言的家庭，過去十年一直住在荷蘭。我在我丈夫的家鄉德國成長，和這個我父親度過整個童年、我母親度過部分童年的國家荷蘭，多少有點關係。我的外祖父是烏克蘭人，此外我也有猶太人血統。

人們常不知該如何看待我。「妳到底是哪裡人？」他們彷彿在問我：「我們該怎麼把妳歸類？我們該拿妳怎麼辦？」無論走到哪裡，我都是個局外人，這並不好受。畢竟，我們都想要有所歸屬。

然而身為局外人也有一些好處。關於這點，沒人會比同樣出自雙種族家庭的藝術家兼作家珍妮・奧德爾（Jenny Odell）了解得更透徹。「身為局外人可以幫助妳在看似尋常的事物中發現不尋常的視角。」她在一封電郵中這麼告訴我。我很認同。

「儘管無法歸屬任何一個類型感覺很不好受，這個特質卻也讓我不只能夠從外面觀察一個類型，同時也能在類型之間找到我在別的情況下可能想不到的連結。」她說。

矛盾的是，哈喬・亞當（Hajo Adam）的一項研究顯示，移居國外能讓人發展出更清楚的自我意識。亞當稱之為「自我概念清晰」，並且把它定義為一個人對自身「清晰而自信地被界定、內在一致性以及暫時地安穩」等狀態的理解程度。

在《跨能致勝：顛覆一萬小時打造天才的迷思，最適用於ＡＩ世代的成功法》一書中，作家大衛・艾波斯坦（David Epstein）主張，是廣度讓許多移居國外者獲得成功。局外人不像當地人那麼深入，卻累積了更寬廣的經驗。

許多人在人生下半場找到自己的事業道路，並且繞了一大圈才到達那裡，不管實際上或比喻上都是如此。他們嘗試了各種工作和生活方式。

對許多局外人來說，獨特的觀點和經驗對於他們的成功非但不是阻力，反而是助力。

健康潮流的問題

在繼續討論之前，我要澄清一件事：我不是健康大師，本書也不是一般的健康書籍。事實上，我和你們多數人一樣（或許更矮小，身高只有一百五十八公分，就大部分標準來說算是嬌小的，在荷蘭更是個矮個子）。儘管我對 Niksen 深信不疑，但是對於加入目前已過度氾濫的健康出版潮流這件事，我還是有點懷疑。

然而，多年來的研究說服了我，加入這股潮流是必要的。我們多數人都需要多做一點 Niksen，但出乎意料的是，很少有人知道該如何放掉工作去進行 Niksen。而儘管我不是專家，為了寫文章和這本書，我對 Niksen 做了廣泛的研究。

不過，對於要說服你把這東西引進你的生活，我多少有點不安，這是因為我是一個健康潮流懷疑論者。除了少部分例外，我基本上成功遠離了各種健康養生、自我成長書籍。但我倒是很喜歡某一類型的指南書：親職教養。十年前，當我初為人母，我感到養育子女的壓力沉重，幾乎讀遍了關於這主題的所有文章。

有趣的是，我所讀的任何東西，都沒有讓我對自己教養子女的能力更有自信，恰恰相反：我覺得更糟了。育兒書籍和健康書籍有相似之處，就是它們往往用漠不關心、瞧不起人的語氣談論我們（而不是對我們說話）。專家免不了要向你指出你的行為有多麼錯誤，以及一旦你採納他們的建議，你的生活將會如何地獲得改善。我花了一段時間才了解，那些書並沒有讓我更快樂，只是更沒有把握而已。但是當我發現這種模式，我就不再閱讀了，而我的育兒技能變得前所未有地高超。

我並非沒有想到，在一本健康潮流書中批判健康潮流書，是多麼諷刺的一件事，但實際上這是本書的一個重點。我相信 Niksen 不同於一般健康潮流，我也確信當你看完本書，你將會同意這說法。別的不說，不同於其他健康潮流，Niksen 並不要求你改變或改進自己。是不是讓人耳目一新？

相信很多人都會同意，健康潮流可能是有害的。例如，如果我們想藉由治癒水晶體來治療癌症，或者用陰道蒸氣法來平衡荷爾蒙（不，別笑，真的有人這麼做，而且還被葛妮絲．派特洛廣為宣揚），我們等於是自找失望，甚至自找苦吃。

如今各種健康法無處不在。「健康法已緩緩滲透我們生活的每個層面……它支配了我們的工作和生活方式，指示我們如何學習，如何做愛。」賽德斯多羅姆、史派瑟在《健康症候群》一書中寫道。他們可不是健康迷，把它比作一種傷害弱勢者的意識形態：「當健康成為一種意識形態，未能順從就變成一種侮辱。」同時，人們普遍相信「健康的身體是有生產力的身體」，對於幸福也一樣。健康幸福已成為一種社會義務，不然就會成為社會的負擔。

「社會普遍的期望是人們要為自己的幸福負起責任。」經濟學教授保羅．多蘭（Paul Dolan）說。他是《從此幸福快樂：逃離完美人生的迷思》一書的作者。事實是，我們追求幸福的過程往往沒有一絲絲喜悅，全是工作、工作、工作。多蘭在這種態度中看見一種「對人們應該追求什麼、想什麼、感覺什麼開出處方」的社會敘事，而它並沒有讓我們更快樂。此外，我相信在許多情況下，健康法可以被視為一種越來越促使人們掌控自己的事務、尋求傳統療法替代品的社會運動一環。這多少算是一種積極的發展，因為，雖然我們有必要了解生活型態的選擇對自身健康福祉的各種影響，但這不僅僅是私人事務。健康飲食很重要，但不能治癒癌症。穩健可靠的醫療保健和社會保障是不可或缺的。在我看來，健康法的風險在於，在一些個人亟需幫助和支援的緊要關頭，將責任從醫院、政府和社會整體轉移到了個人身上。

許多評論家贊同這觀點，在芭芭拉·艾倫瑞克（Barbara Ehrenreich）發表於《新共和》（The New Republic）雜誌的文章〈自然因素：健康流行病、死亡的必然性以及為長壽而自殺〉（Natural Causes: An Epidemic of Wellness, the Certainty of Dying, and Killing Ourselves to Live Longer）中，加布列·威南特（Gabriel Winant）形容健康法是「一種強制性、剝削性的義務：一連串眼看就要成為生活重心而不單是生活寄託的醫療測試、用藥、健康練習和運動風尚」。

此外，健康法告訴人們，特別是女性，要不斷自我精進。我們必須努力讓自己更好，不管是心靈、肉體或周遭環境。上健身房，做瑜伽，把家裡打掃乾淨！要努力工作，因為如果你不努力，你就是輸家、懦夫。曾為《華盛頓郵報》等多家知名刊物撰稿的心理學家、作家以及三個孩子的母親瑪莉．魏迪克（Mary Widdicks）說：

「社會施加在人們身上，要他們成為萬能的壓力，正讓大多數人感覺自己嚴重失能。」

還有一個事實，就是大部分健康潮流都要你相信，它們是所有人的最終解決方案。在《過得還不錯的一年》和《理想生活的起點》等書，以及她的Podcast頻道中講述幸福和生產力的作家葛瑞琴．魯賓（Gretchen Rubin）加以駁斥：「如果你把自己硬塞進別人的模式，只會妨礙你獲得更深層的價值觀。」簡言之，做你自己。

關注話題：全球健康風潮

近幾年，甚至數十年來，來自世界各地的健康主張起起落落，我相信未來還會出現更多。

以下是最重要或最熱門的幾種主張：

正念

正念，最通行的是正念冥想，已經存在相當長一段時間了。雖然它起源於古代佛教教義，可是它緩解壓力和焦慮症狀的力量使得它在西方觀點和生活風格實踐中占有重要地位。大致的概念是，關注你當下的心理狀態，並通過專注於呼吸、不帶批判或羞恥地觀察腦中浮現的各種思維，來恢復內在平衡。這會讓你更冷靜，無論和自己或和他人都更為親密。

另一種類似的哲學是禪宗。日本作家山本直子解釋：「修習禪宗，你必須專注於當下，努力忘掉過去與未來。」

Hygge, gezelligheid, koselig, Gemütlichkeit

幾年前，hygge（發音為 hoogah 或 hyoo-guh）曾經引起不少關注，這是一個無法翻譯的丹麥字彙，意思是在輕鬆愉快的氣氛中和朋友共度時光，享受生活中的單純事物。

Hygge 是窩在家裡躲避寒冬，蓋著毛毯，穿著暖呼呼的毛衣，最好是在一間擺著丹麥設計家具的房子裡。挪威的 koselig 概念和 hygge 非常近似。「生活在挪威」（Life in Norway）網站是這樣描述的：

> 「Koselig 是一種感覺：舒適、親密、溫馨、幸福和滿足感。為了達到 koselig 的感覺，你需要 koselig 物品。在較陰冷的月份，咖啡館會在戶外椅上放置毛毯，商店會用蠟燭照亮店門口。」

另一個類似的生活風格哲學，是德國的 Gemütlichkeit。如同《當地》（The Local）雜誌的解釋：「這字眼包含了舒適、滿足和溫暖的感覺。」此外它也可以泛指社會包容感和幸福感。

麻理惠整理魔法

當麻理惠居家收納整理術蔚為流行時，突然間每個人都忙著精簡雜物，盯著自己的東西，看它們是否迸出喜悅的感覺，然後把它們留下或者果斷地扔掉。

這種整理法之所以廣受歡迎，是因為它的原創者近藤麻理惠寫了一本《怦然心動的人生整理魔法》，並且立即引起轟動。她呼應了人們對整潔的需求，以及對更簡約的生活型態的渴望。

瑞典的死亡清理法是麻理惠整理術的病態表親，指的是在死前把東西清理掉，讓那些活得比你久的人不必費神處理。

另外幾種流行風潮

最近，媒體一直在熱烈討論韓國的 nunchi（눈치）概念，這是一種體貼他人情緒的能力；以及日本的 ikigai（生き甲斐）概念，意思是追尋自己活著的目標，這正是讓人獲得幸福、健康和長壽、圓滿人生的秘訣。

既然如此，為何我們還需要 Niksen？

已經有這麼多生活主張、哲學和快速解決方案，我們的生活還需要別的新花招嗎？我在採訪中經常被問到這問題，而我也不覺得意外。畢竟，什麼都不做不像是一種革命性的想法。

但是，正如你將在本書中發現的，Niksen 除了什麼都不做之外，還包含了很多意義，太多太多了。在這個人人過著異常忙碌生活的時代，拒絕像隻無頭雞一樣四處奔波簡直太特別了。Niksen 並不會讓你更忙，它只會減輕你的忙碌。

然而，忙碌只是問題的一部分。還有我們在生活的各方面都必須表現出色的源源不絕的壓力。我們期許自己在工作中全力付出（從不浪費時間，越來越有效率），然後回到一個整潔有序的家（請告訴我該怎麼做到這一點！），培養出品行端正、富有創造力的孩子（這些要求足以毀掉你的孩子），還要有時間開車帶他們去參加各種令人振奮的運動和其他活動。

別忘了，我們還必須時時扶持、鼓勵我們的配偶或伴侶。還有你的健康狀況，你的超高自我期許；在飲食習慣上，你有沒有試過螺旋藻或甘藍？你最近上過健身房嗎？你準備好參加下一場馬拉松了嗎？如果這些問題讓你生氣，要不要去參加能讓你變得更溫和平靜的正念冥想教室？

就像德國人說的，我們期待自己成為生蛋的羊毛產奶豬，也就是能同時產奶、生蛋並且長出羊毛的豬。我們期待自己無所不能，隨時滿足所有人的需求。當一個現代人是很累的。

正是基於這種心態，讓人感覺自己不夠好，不符合自己對完美的追求，因此我們會去研究 hygge、麻理惠整理魔法或任何風行一時的潮流。可是這需要我們付出多少額外的努力？我們必須做些什麼？我們該買些什麼？

Niksen 呼應了一種想要更單純、簡約的生活方式的渴望。在過去幾年裡，精簡生活的概念越來越受歡迎，因此我不相信人們對 Niksen 的興趣是平空出現的。什麼都不做的渴望或許和時間一樣久遠，只是它一直沉睡著。就好像它沒有名字，因此很難說清楚。而當人們發現 Niksen 這個人們琅琅上口的字眼，情況便改變了，於是話題引爆開來。

那麼，誰來決定某件事、或者即將是一種潮流？是想開創潮流的那個人，還是那些接受它並且開始讀、寫相關文章的人，或是那些在生活中擁抱潮流的人？《韋氏詞典》對潮流（trend）的主要定義（別的姑且不提）是「一種盛行的趨勢或走向，一種普遍的運動，一種當前的品味或偏好，或者一條發展路線」。

人們是否正朝著將 Niksen 引入他們生活的方向走？這是不是一種趨勢或

走向？如果是，我希望本書能幫助人們更清楚地了解 Niksen 是什麼，以及如何將它融入自己的生活。

本書有些什麼內容？

在本書中，我將分享我開始研究荷蘭的放空藝術「Niksen」以來的所有發現。儘管我很少輕鬆度過我的每一天，但我可以告訴你，Niksen 確實有潛力為你改變現況。如果我們能不那麼忙碌，我們將會變得更快樂，更有創造力，更有效率，更能明智地做出各種決策。也許這並不容易，也許需要他人一起努力，但我相信這是做得到的。

各章將分別討論 Niksen 哲學的不同面向，在每一章中，你都會讀到我稱之為關注話題的段落，從擁有荷蘭生活經驗的人到各個層面的 Niksen 研究者之中，提出一些有趣的現況、故事或專家意見。我將涉入範圍廣泛的領域，涵蓋但不拘泥於社會學、生物學、心理學、歷史和跨文化交流，加上我自己的經驗。由於 Niksen 是一個新觀點，關於什麼都不做的資訊並不多見，有很多東西我必須自己去領會。

此外每一章的結尾都附有三個問題，讓你可以在空閒時 Niksen 一下。

在第一章中，你將深入了解 Niksen 的概念，它是什麼，它不是什麼，實踐 Niksen 的方式，以及我們對它的感覺。先透露一下：我們或許沒察覺，但其實我們都在做。

第二章探討荷蘭以及我對這個人口稠密小國的觀察，你將深入了解它的特色和生存方式。而且，儘管它的某些居民可能會反對，你會明白為何這個國家是實行 Niksen 的絕佳環境。

第三章解釋我們總是忙碌不堪的原因，以及它對我們的健康和社交生活的影響。儘管我是個科技迷，我還是要告訴你各種螢幕是如何支配我們的生活，消耗我們的時間。本章也將探討壓力對我們身心的影響。

第四章將提出 Niksen 對我們的生活產生正面作用的多種方式，本章將讓我們了解它如何讓我們更有生產力、創造力並且更放鬆，以及如何加強我們的決策能力。

第五章是實用性質，教你在生活中的主要領域：工作、家庭和公共空間導入並實行 Niksen。如果你喜歡的話，本章提供了大量關於享有更多 Niksen 時光的有益建議。

第六章討論的是 Niksen 不引起作用的狀況，並回應它所受到的若干批評。我的結論很清楚：Niksen 適用於許多人，但並非所有人。如果不適合你，別擔心。我有一些替代方案提供給你。

如果你能耐心讀到本書最後，我將和你分享，我自己究竟是成功掌握了這門荷蘭的放空藝術還是慘敗了。另外你還會讀到關於工作、休閒和人類未來趨勢的預測。如果你覺得奇怪，這些對於未來的研究和 Niksen 有什麼關係，答案是：關係可大了。

Niksen 一下

1. 你是否覺得很忙、壓力很大？
2. 你上一次什麼都不做是什麼時候？
3. 當你面對當今流行的各種健康趨勢時，你有什麼感覺？

Chapter 1

什麼是 Niksen？

我坐在舒適無比的棕色沙發上，雙手捧著一杯熱氣騰騰的茶，手指緊握住杯子，感受著它所傳遞的溫暖。這是我最喜歡的一只馬克杯，手繪的花卉圖案，加上許多綠、棕色和藍色調的大自然風格元素。我丈夫去年耶誕節送我的白色Kindle電子書可能就躺在我身邊。我想應該沒錯，因為我無法忍受離開書本太久。

窩在沙發裡，我覺得很舒服。我的兩腿蜷縮在身體下方，用左手臂斜倚在沙發的一側。有時候，我丈夫看到我像這樣縮成一團，會問：「妳又在做奧爾嘉式打坐了是嗎？」對我來說這個姿勢太自然了，以致我丈夫以我的名字替它命名。每當我像這樣坐著，通常都是在看書或者校訂一篇列印好的文章。在這兩種情況下，我在做什麼再明顯不過了：不是在看書就是在工作。

好，現在想想下面三種情況：

1 我用之前描述的同樣姿勢坐在沙發上，但我在想一篇我準備投稿給編輯的文章。

2 我仍然蜷縮在沙發上，但我在腦子裡回顧一整天的作息，計畫晚餐，心裡盤算著孩子們有沒有缺什麼，或者擔心他們的事。

3 最後一種，我躺在沙發上。我盯著地毯，目光飄往外面的花園，發現儘管天氣寒冷，玫瑰仍然盛開。我丈夫正在播放音樂，我聆聽著歌手的聲音和鼓的節奏。

你認為這當中哪一種是 Niksen？即使你還不清楚 Niksen 是什麼，相信你馬上就可以看出來，這三種情況中的哪一種是什麼都不做的例子。

Niksen：你打算怎麼吃？

當我在華沙大學修德語時，我有機會選修荷蘭語。但這麼一來我要多讀一年，而我有個男友在德國等我。當時我確信我永遠用不到，因此略過了那門課。這下可好，我終究還是得學習這門語言，真是活該。

有人說荷蘭語很難，尤其是發音相當微妙。剛開始學這門語言時，我曾經到肉舖買五百公克的絞肉。我本來以為我能辦到，然而，令人驚訝的是，我最後帶著一個只裝了一點點肉的小塑膠袋回家。顯然，我說五（vijf）的發音聽起來像二（twee），真蠢。當時我太累了，不想回去再買一點肉，幸好我的食品櫃裡有小扁豆，結果做了差不多是素食的肉丸。沒了創造力，我什麼都不是。

除了很難學，荷蘭語同時也是一種有趣、奇特的語言。「我會把荷蘭語比作一幅用色極為寬廣的畫。」我的荷蘭語教師瑪珍．西蒙斯（Marjan Simons）這麼形容。

我特別喜歡像 hondje、huisje 或 boompje 這類表示微小的字眼，分別指小狗、小房子或小樹。只要加上 je，這個單詞就有了小的意思。「我們是全世界最高的人，但我們的國家很小，於是我們喜歡的東西都變得很迷你。」西蒙斯說。

我也喜歡他們可以輕輕鬆鬆把所有單字變成動詞，打網球（playing tennis）？不，網球森（tennissen）！用簽帳金融卡付帳？不，密碼能（pinnen）！和一夥朋友一起喝杯酒（a borrel）、吃點心？不，杯來能（borrelen）！隨便想一個詞或詞語，然後加上 en，就能把它變成動詞。什麼都不做？不，Niksen！真是太妙了。在我的母語波蘭語中，當面對新事物時，我們會說「你打算怎麼吃？」所以，我們要怎麼吃 Niksen？

荷蘭人做不做 Niksen？

在荷蘭語中，「niks」的意思是「沒事」（nothing），而從niks（名詞）到niksen（動詞）只有一小步。所以Niksen字面上的意思是「沒做事」（nothing-ing）。瑪珍·西蒙斯提出了另一種解釋：Niksen源自niks doen（什麼都不做），後來縮寫成Niksen。

研究Niksen的過程中，我學到許多含義相近的荷蘭單字，比如lanterfanten。荷蘭作家、編輯兼企業家埃莉絲·德·布雷斯（Elise De Bres）在她的網站「閱讀沙發」（BookCouch.net）上解釋說，lanterfanten在「你可以想做什麼就做什麼，而且不帶目的性地去做」這層意義上，和Niksen是一樣的。

另一個同義字是luieren（你可以試試念它的母音！我在這裡待了十年，到現在還念不出來）。事實上，本書荷蘭語版的書名是《Niksen：荷蘭的懶散藝術》（Niksen: De Dutch art of luieren）。起初我以為這個字的意思是懶惰，因為lui是懶的意思，但它也意謂著「閒逛」。荷蘭線上詞典Encyclo.nl給它的定義是「有意識地什麼也不做，或做得不多」。

身為作家、語言學者和譯者，我知道語言是進入文化的窗口。我不禁想，在一個擁有這麼多形容無所事事的奇妙語彙的國家，怎會有人不承認 Niksen 是他們不時會去做的事，即使是不自覺的？

日本作家山本直子（已在荷蘭生活了十五年）也同意荷蘭人是絕佳的 Niksen 客（nikseneer）。「假日裡他們可以整天什麼都不做，不管是露營、躺在沙灘上、坐在公園裡，或只是待在家裡。陽光燦爛的日子，總有大群人圍坐在露臺上喝啤酒、咖啡，悠哉地閒晃。」她在一封電郵裡這麼告訴我。

山本直子聲稱，日本人對 Niksen 一點也不在行，但是這想法對他們來說相當熟悉。「日本人其實知道他們必須休息，因此 Niksen 的概念並不新奇。不過，讓他們知道荷蘭人的 Niksen 方式，或許能為他們帶來極大的鼓舞作用。」她說。

會不會荷蘭人自己並未察覺他們已經做了很多 Niksen？有時候得要局外人才能看清楚真相。

關注話題：荷蘭人與 Niksen

我的朋友泰莎・拉格曼（Thessa Lageman），一個住在海牙的作家，告訴我她非常不擅長 Niksen，而且和她一樣的人不在少數。「很多人做不到。他們很樂意去做，可是他們想做個有用的人。」她對我說。她還告訴我，在網際網路出現以前，Niksen 是荷蘭人輕易就做得到的事。

我的荷蘭語老師瑪珍・西蒙斯說，她並未真的看到荷蘭人經常到處閒逛。「我們非常活躍。我們有滑冰、曲棍球，我們很愛運動。此外，我們還忙於各種嗜好和志工活動。」她說。當我問她，荷蘭人都做些什麼來放鬆自己，她回答說：「我們做運動，看很多書。」

拉格曼認為，這正是「在這個充斥著娛樂消遣活動的時代」，Niksen 之所以吸引荷蘭人的原因。她認為 Niksen 是一個積極字眼，並且提出「lekker niksen」（愜意地什麼也不做）的說法來做為證明。當我問她，我常看見的那些坐在公園長椅上或躺在沙灘上的荷蘭人，是不是在進行 Niksen，她猶豫了一下才回答：「那只是健行或自行車旅行、游泳、在沙灘上看書的一部分。

或許那也是 Niksen 的一種，但人們並不這麼想。」

不同於泰莎，安東．德．陽自認是一個內行的 Niksen 人：「nikser」（儘管我個人較喜歡用 Niksen 客，nikseneer）。他給 Niksen 的定義是坐著攝取陽光。當我問他，Niksen 是否有正面或負面的意思，他說：「這要看情況。它可以是陷入沉思，或者即將進入打鼾模式。」

我苦思許久如何在英語和本書中使用這字眼。「從事 Niksen」聽來有點笨拙，「著手 Niksen」感覺不太對。於是我決定給自己一些空間並且發揮創意。有時候我會把 Niksen 當名詞使用，比如說，Niksen 哲學，或者 Niksen 的精髓。有時候我會說「我喜歡 Niksen 一下（doing niks）」，但你也會看到我使用「做 Niksen（niksening）」，雖然文法上不盡然正確，但在英語中完全說得通。最後，我認為應該有個名詞來形容一個什麼都不做的人，因此我也會使用 Niksen 客（nikseneer）。我甚至用這名詞建立了一個 Facebook 社團。來加入我們吧！

確定了 Niksen 在荷蘭語中的含義之後，我必須弄清楚 Niksen 究竟是什麼。當我們正在 Niksen 的時候，我們到底在做什麼？結果這問題比我想像的更難回答，因為當我開始研究 Niksen 的時候，可用的資訊實在不多。什麼都不做似乎很簡單明瞭，但事實並非如此。深入探究之後，我總算找到了一些解答。

荷蘭壓力管理中心（CSR Centrum）是集結一群專家對抗荷蘭普遍存在的壓力和倦怠的機構，教練卡洛琳．海明（Carolien Hamming）說，Niksen 是「做一些沒有目的性的事，像是望著窗外、到處閒晃或聽音樂。」海明是 Niksen 專家，她的意見經常被一些討論相關議題的文章引用。

做一些沒有目的性的事，似乎很不錯。你凝視窗外並不是為了成為一個更平靜從容的人，你這麼做只是為了好玩。

問題是我們永遠有事做

但當我問曼弗雷德．凱茲．德．弗里斯（Manfred Kets de Vries），知名的荷蘭管理學者和心理學者，什麼都不做究竟是什麼意思，他說：「這是一個非常好的問題。你不可能什麼都不做，因為如果你什麼都不做，你就死了。」

研究之初，我發現什麼都不做是極其困難，甚至是不可能的。即使在我們睡覺或休息時，我們的身體和大腦也有無數的潛意識程序在運作，其中大部分我們甚至察覺不到。我們的肺在呼吸，心臟在跳動，我們的腸胃在消化食物和分泌激素。這是件好事，因為，如果我的呼吸和心跳不是由我的身體自行控制，我肯定會忘了去做。我會驚呼：「糟糕，我今天忘記呼吸了。」一還有，趁著你在替我檢查心臟，能不能順便幫我啟動一下心跳？

我們可能沒注意到我們的頭髮和指甲在生長，但它們確實在生長。在我們失去舊記憶、強化某些記憶並且創造新記憶的同時，我們的大腦簡直忙翻了。我們琢磨問題，盤算未來，做白日夢。看一個人光是活著，甚至是睡著時，所涉及的能量和活動之繁多，實在令人驚嘆。

我們可以把人類活動視為一種連續體，「從零開始，能量消耗為零，基本上你是死的。然後，全身一致地，你什麼也沒做，你在呼吸，只是坐在那裡。然後你站起來，只是非常輕微的肉體活動，然後你走動，然後你跑，這就是劇烈的肉體活動了。」一馬帝歐．布瓦斯貢提耶說。他是一位熱中鑽研神經科學的物理治療師，也是一項研究調查「顯示人類是一個極其懶惰的物種」的發起人。關於他針對 Niksen 為何如此之難的研究，將在第三章進一步討論。

葛瑞琴．魯賓，以《過得還不錯的一年》一書聞名的作家，有她的獨特定義。「我會說那是偷懶或到處閒晃。」她說。當我問她那會是什麼情形，她是這樣描述的：「我漫無目的在我的公寓或街坊附近溜達。我本來是出去辦點事的，這會兒只是在閒逛。不趕時間，不去想還有什麼事情沒做，只是四處看看。在家裡，我在看郵件，但只是因為它剛好在那裡。」我發現自己一直在點頭。「那是類似週日早晨的感覺，只是在外面閒晃，很散漫，無拘無束。」她告訴我。我嘆口氣，因為這聽起來真愜意。

當我收集關於 Niksen 的專家意見和定義時，我了解到，對於它究竟有什麼意涵可說幾乎沒有共識。我徵詢過的幾位專家認為它和無聊的感覺有關。「我認為無聊就是，沒別的事可做的時候，無論腦子或身體都到了一種閒著沒事幹的地步。」多琳．道金馬吉（Doreen Dodgen-Magee）這麼說。她是心理學家，也是《人手一機！：在數位世界中平衡生活與科技》（Deviced!: Balancing Life and Technology in a Digital World）一書的作者。當我要她舉例，她回答：「像是抬頭看雲，就只是看著窗外。任由自己恍神，不帶批判，不落入『我必須把它當正念冥想那樣進行』的想法，而只是存在著。」仔細想想，我覺得這比較像 Niksen，而不是無聊。

這些不同的定義或許很有趣，但如果能針對什麼都不做究竟是什麼取得一點共識，那就太好了。然而，我們每個人都有自己的定義。藝術家兼作家，《如何「無所事事」：一種對注意力經濟的抵抗》（How to Do Nothing: Resisting the Attention Economy）一書作者珍妮．奧德爾也承認：「每個人對無所事事的看法可能不盡相同。」奧德爾給它的定義是：

「在情況允許的時候，找到一丁點可以做非目標導向活動的空隙。你可以在公車上、排隊或其他稍微有點空的時候這麼做：只要下決心盡可能多觀察，不帶批判，並且樂於接納驚奇。」

關注話題：各國的放空藝術

世界各地的人們找到了各種巧妙的什麼都不做的方法，我們來看看各國的一些例子，比較一下人們無所事事的方式。這份清單並不詳盡，相信我不知道的還有很多。

甜甜沒事（Dolce far niente）

義大利向來以美食和悠閒的生活方式聞名於世，也難怪這兩樣東西一組合，便創造出一個絕妙的片語：dolce far niente，字面上的意思是，甜蜜地什麼都不做。它把什麼都不做形容成美味的，相當於英語的「甜蜜的無所事事」（sweet, sweet nothing），或荷蘭語的「美味的 Niksen」（lekker niksen）。「它並沒有負面的含義。」哥倫比亞商學院市場學助理教授，本身也是義大利人的希維亞・貝雷札（Silvia Bellezza）說：「因為 dolce far niente 也許是看書，一種沒有實際效益的愉快活動。也許你在看電影，但這並不表示你在偷懶。」

午寐（Siesta）

午寐的概念在許多地中海國家十分盛行，特別是西班牙和法國。通常是在中午，天氣熱得不適合外出，正好可以小睡一下。但這段時間也可以用來進行 Niksen。

安息日（Sabbath）

週五傍晚開始、星期六傍晚結束的安息日是猶太人禱告、家人親戚團聚的時刻。食物在安息日開始前就準備好了，因為這段期間禁止工作，同時也禁用電器和所有螢幕產品，住在安特衛普的哈西德派猶太教婦女瑞貝卡．貝克這麼告訴我。

儘管怠惰可能會引來懷疑的眼光（猶太文化讚賞勤奮工作的人），但安息日是一個重要傳統，很多猶太人都會參與。每週能擁有一整天遠離螢幕、充滿寧靜和省思的時光，豈不是極其有益的事？

懶人運動

荷蘭人有 Niksen，英國人有「懶人運動」（idler movement）。該運動創始人湯姆．霍奇金森接受《瓊斯夫人》（Mother Jones）雜誌採訪時說，一個理想的世界「應該到處都有人騎著單車逛大街，吹著口哨，互相抬起帽子打招呼（笑）；到鄉間優閒散步，每天瞎混。」依我看，這簡直是在描述荷蘭。

無為

中國的無為觀念可以譯為不行動（non-action）。它是中國古代思想家、道家創始人老子的核心主張。「有人認為這很悲觀消極，但你也可以用積極的角度來解釋它。」貓熊小姐中文網站（Miss Panda Chinese）的中文教師兼部落客布洛杰（Amanda Hsiung Blodgett）解釋。無為的另一種解釋是：無目的性，而你或許還記得，Niksen 的定義之一是「做沒有目的性的事」。

「把你內心的豬頭狗放出來」和其他有趣說法

許多文化和國家不贊同無所事事，而其中一個國家高度推崇效率、卓越、勤奮工作和品質，就是德國。Den inneren Schweinehund auslasseng 是我很喜歡的一句德語，它可以照字面翻譯為「把你內心的豬頭狗放出來」（Schweinehund 更準確的翻譯是家豬，但我更喜歡 pig dog 的意象）。用 Google 搜索「內在的豬頭狗（innerer Schweinehund）」，你會發現很多教人如何與內心的懶蟲，或者在德語中是貶義詞，甚至是侮辱的「豬頭狗」抗爭的文章。維基詞典把 innerer Schweinehund 譯為「肩上惡魔」，或者「人天性中軟弱、懶惰的部分」。儘管做出好的人生抉擇十分重要，不過，有時候把內心的大懶蟲放出來，也不盡然是壞事。

在世界其他地方，人們對 Niksen 有著較為正面的看法。例如在斯瓦希里（Swahili）語中，starehe 這個字的意思是「舒服地感到滿足」，像是無所事事地曬太陽，覺得心滿意足。「這就是 starehe。」作家同事瓦卡尼・霍夫曼（Wakanyi Hoffman）告訴我。我覺得聽起來很像 Niksen。

獲獎部落格「讓旅程開始」（Let the Journey Begin）作者伊爾澤・伊維娜（Ilze Ievina）原籍拉脫維亞，但居住在德國。她告訴我，在她的母語中，gurkoties 可以被翻譯成「到處醃菜」或「到處滾黃瓜」，我聽了忍不住發笑。

世界各地人們的無所事事方式既多樣而又極具創意，無論是到處醃菜，還是放出內心的豬頭狗，我們表達想要偶爾放鬆一下的渴望的方式可說是無止盡的。現在你知道了，Niksen 並不奇怪，它是普通生活的一部分。

Niksen 不是……

在有關 Niksen 的採訪中，除了翻譯荷蘭語的意思之外，很少有人要求我對它下定義。似乎每個人都立刻明白它的含義，至少在他們的個人生活和環境背景下是如此。不過，我認為給它下個定義是必要的，因為我經常發現，當人們確實在做某件事，比如瀏覽 Facebook 或電視的時候，卻會說自己什麼都沒做。基於這個原因，我發現定義 Niksen 最有效的方法是，先定義它不是什麼。

Niksen 不是工作

我父親是理論物理學者，而我是個寫作者。因此許多時候我們會拿著一張紙坐下來，思考，也許寫下一點東西，但主要是思考。在旁觀者眼中，這看來可能非常近似無所事事。那麼，人們如何能知道兩者的區別？

沒辦法，除非他們探問或知道我們工作的背景。

但是，儘管有時候你似乎在工作時做 Niksen，但 Niksen 絕不是工作。然而，要區分這兩者真的很難，尤其是對創意人（像我）而言。

如果你是一個充滿創意的人，你就不可能有一刻閒著不工作，因為總會有你想解決的問題。「我們逐一過濾著我們正在處理並且陷入僵局的各種問題。」生產力專家、知名作家克里斯．貝利（Chris Bailey）告訴我。他認為，點子不僅來自我們的外在環境，比如我們看到一本我們喜歡的、能解決我們正在苦思的某個問題的書；同時也來自我們腦中漫遊的思緒。因此，思考是工作，不是 Niksen。

Niksen 不是情緒勞動

某些活動看起來很像是什麼也沒做，其實不然，我被這個認知所吸引，我告訴著名的社會學者、幸福研究先驅魯特．溫霍芬（Ruut Veenhoven），很多時候我坐在沙發上，忙著做一件表面上看不出來的工作。我告訴他，我為了每個家人的平安幸福而不斷操心、規劃。「妳在沉思。那不叫 Niksen。」他對我說。我同意「操心」不是 Niksen，因為感覺起來確實不像，但我不喜歡用「沉思」這字眼來打發它。

《拒絕失衡的「情緒勞動」：女人停止操心一切，男人開始承擔》（Fed Up: Women, Emotional Labor, and the Way Forward）一書作者兼記者潔瑪・哈特莉給了它一個更好的名字：情緒勞動。如果我坐在沙發上，擔心有沒有忘了安排孩子的牙醫預約，我既不是 Niksen，也不是沉思。我是在進行情緒勞動，為了讓身邊的人擁有舒適和快樂而承受的無形心理負荷和情緒控管。情緒勞動有時可能很像 Niksen，因為它是無形的，可以坐在沙發上進行。

「那是為了讓一切順利進行，在腦袋裡進行的內心計算、活躍的移情作用、追蹤和監控。」哈特莉解釋說。就我個人來說，得知我所做的種種思考、盤算和監控有個代名詞，我覺得既欣慰又憤怒。

起初，我很想把情緒勞動歸類為 Niksen，但這等於否定、忽視了這項對許多女人而言（因為它較常見於女性）耗費大量時間、精力和腦力的重要工作。多虧了這一點，許多人的生活才得以順利運轉。

因此，我建議我們承認情緒勞動的存在，同時幫助那些承擔這任務的人找到更多進行 Niksen 的時間。

Niksen 不是正念（mindfulness）

儘管它們看起來很相似，但「正念」不是 Niksen。雖然兩者都有一種沉靜的特質，但根本上，這兩種活動是極為不同的。

「我不認為冥想是什麼都不做。」擁有冥想經驗的葛瑞琴．魯賓說。「我要擺出一個姿勢，要集中心神，即使沒有動作，但我正準備做些什麼。實際上這是一種非常明確的活動。」在我看來，正念和冥想看來真的是一種十分繁重的活動，一點都不輕鬆或平靜。最近，炎熱的夏季天氣讓我異常煩躁，不管怎樣我都不想要這種「活在當下」。於是，我做了一件平常不太會做的事：整理車庫。我扔掉五大袋雜物，用吸塵器清理了地板，重新排列架子上的物品，讓每樣東西都更容易找到。

我不能說我樂在其中，可是這工作做得又快又有效率。為什麼？因為我沒有用心。我沒有把注意力放在我正在做的事、我的呼吸或氣輪，甚至我的身體上，我只是把世界隔絕在外，在腦海裡唱一首歌，計畫一天的工作，思考著和當下無關的愉悅想法。

你甚至可以說 Niksen 是反正念（anti-mindfulness），因為它不需要你意識到自己的身體、你的呼吸、當下時刻或你的思緒。相反地，你可以利用它來避開這些東西：你可以藉著它遁入自己的腦袋，在裡頭發呆一陣子。

Niksen 不是懶惰或無聊

如果你被人發現在大白天閒著沒事，你可能會覺得自己在偷懶，不過做一點 Niksen 並不會讓你懶惰。

成長過程中，我常看見我母親，她是一位遺傳學教授，是我認識的人當中最聰明、最有才華和最有抱負的。她會在工作了一整天之後，在接下來的工作之間放鬆下來，無論之後是要檢查博士論文、翻譯專利文件或是複習一本以科學為主題的書。因此，我知道你可以和 Niksen 打交道而不偷懶。正如我的作家朋友薩馬拉說過的：「絕對沒人會說我懶惰。我努力工作，我努力Niksen。」

「懶惰具有消極的含義，談談效率或許比較妥當。討論這個必須很小心。」馬帝歐・布瓦斯貢提耶說。

儘管許多讓我徵詢過 Niksen 的專家都對無聊一事有獨到研究，但這兩者之間有著極大區別。約克大學心理學者約翰·伊斯伍德（John Eastwood）的一項研究顯示，Niksen 是「沒有目的地無所事事」，但無聊可以被定義為「有意卻無法從事喜歡的活動」的一種體驗。意思是你做 Niksen 是因為你有意那麼做。但是當你覺得無聊，你是寧可有事情做的。這正是為什麼我在打掃房子的時候會無聊，但是做 Niksen 的時候卻從來不會的原因。

Niksen 不是看書、看電視或瀏覽社群媒體

我們的確很容易把看書、觀賞 Netflix 影片或瀏覽社群網站視為「沒事」。當有人問我們「喂，你在幹嘛？」，我們往往會回答「沒事！」，可是看書或看 Netflix 影片絕對不是 Niksen。

「人們以為這種時候他們休息了很久，其實沒有。他們只是從一種休閒活動轉往下一個。我們從工作狀態轉換為盯著手機約莫十分鐘，內心仍然是焦慮的。」一生產力專家克里斯·貝利說。

我們在網路上做的並非「沒事」，而是工作、社交、找資料，或者就像

我看美食頻道看得入迷那樣，我只是在拖延。

看電視也一樣。它可以是娛樂消遣，一種紓壓或學習新事物的方式，但它不是 Niksen。加以區分是很重要的，因為我想強調的不是說我們應該拿我們的玩樂（但不見得有多重要）來換取 Niksen 時間。我們使用社群媒體是有原因的。我們重看整整六季的《歡樂合唱團》（Glee）影集是有原因的（也可能只有我這麼做）。而這種種的原因都很重要。

該如何看待它

理解並欣賞 Niksen 力量的第一步是，承認我們對什麼都不做的評斷，以及我們看待它的方式。想想看，你什麼時候會用「沒什麼」這字眼？每當我們說到什麼都不做的時候，往往一副引以為恥的樣子，特別是在工作方面。「噢，那沒什麼。」當我們認為我們應該要工作，卻在瀏覽 Facebook 時，我們會這麼說。「沒什麼」這字眼在某些方面經常可以翻譯成「不重要」，或者更糟的：討人厭。想想看，當孩子對我們說他們什麼都沒做的時候，你最喜歡的地毯上早已撒滿碎巧克力和麵包屑，而你買的高級果仁糖也早已不知去向。

「這字眼聽起來相當負面，不是嗎？」英國心理學者珊蒂．曼恩（Sandi Mann）問，連帶談到了懶惰。「人們會說，我好懶，或者指責別人懶。」但這不見得是壞事，「因為有時候我們會說，『我今天早上過得很悠哉』，這被認為是好事。」曼恩認為，只有當「悠哉過了頭」，才值得擔心。

我那篇登在《紐約時報》上關於 Niksen 的文章爆紅的那陣子，國內外有不少人問我，該如何撥出更多時間來進行 Niksen。「我也不知道。」我總是回答：「坐個五分鐘，然後就做吧！」這建議大概沒什麼幫助，並不是每個人都能輕鬆自若地什麼都不做。

「就做吧」迴避了重要的問題。為什麼我們不能什麼都不做？為什麼這麼難？在那之後，我重新思索了自己說的那個建議。現在如果有人問我，我會說：「只要情況允許，就做吧。別擔心有多麼不可能或者有多困難，或者只能做一下子。試一下，看它是否適合你。記住，即使只做幾分鐘的 Niksen，也足夠了。」

Niksen 如此困難的原因之一是，當我們所從事活動的效益顯然低於像是工作的時候，我們會感到羞愧。我們總是賦予那些被認為是浪費時間的活動較少的價值，比如凝視窗外、閒坐著或者打量房間。我們很難馬上看到什麼都不做的價值，尤其考慮到我們做 Niksen 時沒有做的那些正事。當人需要的是一百八十度的視角改變，光告訴他「就做吧」有點太輕率了。

我們得開始正視 Niksen 是什麼，以及它所帶來的種種奇妙益處。讓我們實話實說，還 Niksen 一個公道。

Niksen 不是一種隨機、不重要的活動。它有重要、立即而持久的好處。荷蘭人說「什麼都不做，什麼好處都沒有」，但我很想把它改成「什麼都不做，肯定不會白做」。

一種新視角

藉由擁抱 Niksen，人終於能讓自己少做一點，而非多做。我們開始了解到，我們不能再忙個不停，而要放慢腳步。儘管 Niksen 的確需要我們花點心思，以便能找到時間平靜下來，在生活中尋找小小的 Niksen 空檔（niksen pockets），但它並不需要我們改變自己或者生活方式。

另一方面，我們當中有些人可能想要或需要多點什麼都不做的時間，可是覺得自己不配。這些人可能會陷入這樣的想法：

「我會在一天內做完落後兩週的工作，然後才做一些 Niksen，到時我的房子變得整潔有序，孩子們都睡了，五道菜的晚餐也準備妥當了。」

如果這是你的寫照，請了解，你做 Niksen 真的不需要我的許可（不過為了讓你安心，我准許你）。就算偷空休息一下，你仍然是個有價值的人。

如果你還是不放心，有幾個方法可以讓你重新考慮什麼都不做，進而發現 Niksen 的價值。

休息

「什麼是休息？」我問教練兼生產力專家克里斯．貝利。他給我的答案聽起來完全就像 Niksen。「我把休息歸為一種能讓我們的思緒至少漫遊一下的東西，並非百分之百專注於某件事，也不必以任何方式來調整自己的注意力。」雖然你在工作的休息空檔不見得一定是無所事事，但對貝利來說，兩者的重要元素都是注意力分散。

「當你真正放鬆時，你通常不會專注在某件事情上，當你做一些不必強迫自己全神貫注的有趣活動時，你的腦子便有機會漫遊一下。」他這麼告訴我。他的回答聽來很像 Niksen。

英國心理學家珊蒂．曼恩告訴我，當她讓人們處於一種被剝奪了任何感官輸入、沒有東西來讓他們分散注意力的情境，一開始他們會很掙扎，但後來都會漸漸適應了。狀況解除時，他們告訴曼恩，他們會當它是一次小小的休假。

當然，假期是進行 Niksen 的絕佳時機，只要休假期間沒有壓力。海灘、森林或山間等地點不只是健行、游泳和享受美食的好地方，它們也是進行 Niksen 的完美環境。在海灘上休憩，望著浪花拍打沙灘，就像荷蘭人在夏天常做的。聞一聞森林裡的松香，靜靜地放鬆片刻，然後才開始野餐。Niksen 是休息時間，寧靜的時刻，找時間輕鬆一下，或許也沉思一下。

自我照護

我不太喜歡自我照護（self-care）的說法，因為照料自己不應該只是個人的責任。此外，它還讓人腦中浮現奢華的水療度假村和泡泡浴的畫面。但由於這名詞目前實在太流行了，如果你想做 Niksen 卻覺得內疚，怕自己不事生產，我倒是不反對使用它。自我照護可以意謂著在工作或家務中休息一下，給自己一點時間放輕鬆。照作家布里安娜·魏斯特（Brianna Wiest）的說法，它的意思是「建立一種讓你不想逃避的生活」。

「我確實認為什麼都不做是自我照護的一種潛在形式，不過，僅限於奧德麗·羅德所描述的積極意義上的自我照護，而不是越來越常見的商業化形式上的自我照護。」藝術家、作家珍妮·奧德爾說。「對我來說，這是一種重要的區隔，因為自我照護和自我成長（self-help）的主張很容易會強化了商業化自我，優化、具競爭力的版圖。」

雖然自我照護的重點是自我，但它並非自私。

「我不認為『無所事事』是保護或安慰自己的一種方式，正好相反，我認為它是指一個人對群體和環境變得更加開放，是人對所處環境的重新調適。」珍妮．奧德爾在一封給我的電郵中寫道。由此看來，Niksen 可以被視為對群體的一種服務，因此一點也不自私。

自我照護並不總是光鮮亮麗或者在奢華的水療度假村進行。事實上，那可能非常煩人，無聊至極。想想健康的飲食、規律的運動、保持居家整潔，這些全部都是自我照護。因此你可以在你的自我照護清單上增加一點Niksen，而不會覺得什麼都不做有什麼不好；畢竟，我相信你吃健康餐的時候並不會覺得有什麼不好。儘管我說過 Niksen 不是工作，但我必須破例一次：它是一種自我照護的工作。

做白日夢

我小時候很愛做白日夢，我會坐在沙發上，什麼也不做。好吧，其實也不是什麼都不做。我會想像自己的未來，思索我正在讀的一本小說的故事情節，或者僅僅為了沉思的快樂而沉思。總之，我在做白日夢。

這是我最喜歡的活動之一，直到現在我仍然樂得偷空做一下白日夢，而且我並不是唯一這麼做的。我們的腦子不太善於活在當下，寧可回憶過去，或者遙想未來。我們一天之中，有將近一半的時間在做白日夢。儘管並非所有的白日夢都是在我們無所事事的時候做的，但有一部分的確是。

與正念不同，不過和 Niksen 相同的是，白日夢不需要準備，不需要訓練，也不需要特殊的場所或音樂。相反地，多留意你做得有多好。每次你做白日夢，稍微留意一下，讓自己盡情享受、品味那感覺！在做白日夢的當中找到 Niksen 時刻，會更容易進行。

總結

該是實話實說、還 Niksen 一個公道的時候了。如果我們在瀏覽 Facebook 或者看 Netflix 影片放鬆一下，就讓我們老實說自己在做什麼，而不要說我們「什麼都沒做」。我們有時間和空間瀏覽 Facebook，我們有時間在 Netflix 網站追劇，我們也有時間進行 Niksen。我們做這些事都是有原因的，讓我們全部擁有它們。你想什麼都不做並不需要我的許可（不過為了讓你安心，我允許你這麼做）。就算你不事生產，你仍舊是個有價值的人。

在本章中，你了解了無所事事是什麼，以及不是什麼。你經歷了無所事事的世界之旅，思考了看待 Niksen 的多種方式。你了解世界各地的人都有獨特的詞彙和概念可以描述無所事事。不過，Niksen 是荷蘭語，難道你不好奇孕育它的是什麼樣的國家和文化？

Niksen 一下

❶ Niksen，或者什麼都不做，對你而言意謂著什麼？

❷ 本章建議看待 Niksen 的方法當中，哪一種對你最有幫助？

❸ 知道世界各地的人都有關於無所事事的特殊說法或實行時間，你有什麼感覺？

Chapter 2

萬一荷蘭人
做對了？

我坐在沙發上，試著回想我的波蘭華沙老家的公寓內部。那是我外祖父母的房子，他們曾經住在荷蘭。荷蘭台夫特藍瓷（Delft Blue）盤子裝飾著幾道牆面，在我雙親臥房的斗櫃上也擺著一只彩色的馬肯（Tichelaar Makkum）鬱金香造型花瓶（我父親叫它「鬱金香神器」）。早在我以荷蘭為家之前，荷蘭已確實在我家裡了。

我在這裡已經住十年了，但我和這個國家的關係比這還要久遠。我的外祖父在一九五〇、六〇年代是波蘭駐荷蘭大使，他和他的家人在荷蘭住了八年。他甚至寫了一本關於他在荷蘭這段期間的書《阿姆斯特丹 ABC》（The ABC of Amsterdam），一本荷蘭生活指南，涵蓋了從政治到文化等所有生活層面。

我搬到荷蘭之後，母親、父親和哥哥不時到荷蘭來探望我。我們經常搭乘一號線電車到席凡寧根（Scheveningen）的海灘。路經波蘭大使館時，我母親總忍不住說起她童年時期在這裡度過的八年時光。她最愛做的一件事就是出去吃 poffertjes，一種加了大量奶油和糖粉的美味荷蘭小鬆餅。

我怎會落腳在此地？

二〇〇九年，我帶著一個六週大的孩子來到荷蘭。不，我不建議你在人生的這個階段搬家，但當時我只能選擇要不和我丈夫異地而居，要不就搬家。

一開始，我發現自己被母親的身分壓得喘不過氣，因此我初抵荷蘭後的首要之務就只是活著。我必須去張羅食物、衣服和玩具，還有一個家庭用得到的千百種細瑣東西。然後，我還必須弄清楚這些東西用荷蘭語怎麼說，而這只是徒增我的挫折感。一直到我的孩子像許多荷蘭孩子一樣，在六個月大時開始上日間托育中心，我才終於能多睡一會兒，並且開始注意到我定居的這個國家。我觀察到的有些感覺很熟悉，有些感覺陌生而新奇。有的我很喜歡，有的不怎麼喜歡。

當時我們住在台夫特，一個位在海牙附近、典雅又浪漫的小鎮。台夫特是十六世紀新獨立荷蘭的首都，如今主要以生產藍白陶瓷聞名。有著坐落在景致如畫的運河邊的美麗老房子以及宏偉教堂，台夫特看來就像你聽說的關於荷蘭的一切，只是壓縮成了二十四平方公里或九點二平方哩的大小。

當我逐漸感覺自在些了，我看見了周遭的美好，了解到荷蘭實在是一個非常獨特的地方。我注意到運河和老房子的壯麗景象，發現無論到哪裡都可以看見高大的荷蘭人騎著單車。我丈夫和我開始光顧當地人常去的一些古典咖啡館，我很快在這裡學會了點 verse gemberthee，也就是生薑茶。這種茶通常會搭配特製的肉桂餅乾 speculaas 和蜂蜜。

國小、人高大

荷蘭位於西歐，居民約一千七百萬，其中八十二萬居住在首都阿姆斯特丹。這點相當驚人，因為這個國家的面積只有四萬兩千五百零八平方公里（或一萬六千四百一十二平方哩）。你或許會稱它「荷蘭」（Holland），其實這並不正確，你應該改稱它「尼德蘭」（Netherlands）。

相較之下，美國大約是荷蘭的兩百三十七倍，而英國大約是它的六倍大。這個國家是那麼小巧，我常說，當你搭火車或開車到達這裡，才剛說完「我們來到荷蘭王國（Kingdom of the Netherlands）了」，你就已經越過邊界進入德國或比利時了。除了和這兩個國家為鄰，它和英國有海上邊界，而且它的領土大半被水域包圍。難怪荷蘭人腦中常浮現水這個元素。

這個國家很小的這個事實讓我覺得很有意思，因為荷蘭人（尤其是男人）是全世界最高大的一群人，平均身高一百八十三公分，也就是六呎。而我呢，是一百五十八公分（五呎二吋）高。當我站在荷蘭人後面，我總暗暗希望他們不要揮動手臂，不然我的頭準會被手肘給撞上，我真心不希望發生的一種狀況。

當我的孩子進了日托中心，我開始真正面對這個國家後，我喜歡上一件事，就是我有很多時間可以思考自己該做些什麼。身在一個生活節奏較快的國家，我大概很快就會筋疲力竭，任何創造性的探索更是想都別想。

此外我也喜歡這個國家的安全以及有利於經營家庭生活。我喜歡我可以步行或者搭火車、電車或巴士到任何地方，無論是到台夫特，或者到海牙（目前我們就住在這兩個城鎮之間），至今我仍然常去那裡。我們經常到全國各地進行一日遊，每回去總會發現一些新事物。

我很快就注意到荷蘭人很快樂，也許快樂不是太恰當的形容詞。鄰居們會在街上互相問候，當我們外出走動時，人們會對我和我的孩子們微笑。他們似乎不太會煩惱或感到壓力。儘管我會抱怨這裡的服務很慢（而且往往很糟），但我哥哥說得好：「在一個沒有人匆忙趕時間的地方，感覺真舒服。」簡單地說，荷蘭人似乎對這種平靜和緩的生活方式十分滿意。

多項研究一致同意，荷蘭年復一年在世界幸福指數調查中名列前茅。這怎麼可能？我是不是死了然後在天堂醒來？是因為鬱金香花田，（部分）合法的大麻，還是乳酪（不，別笑，一項研究顯示，乳酪和鴉片劑能啟動大腦的同一個部位，儘管我們對這類說法必須抱持極大懷疑）？肯定不是因為天氣，那麼荷蘭人的秘訣是什麼呢？

荷蘭人為何如此滿足？

當我問《過得還不錯的一年》一書的作者葛瑞琴．魯賓，人需要什麼才能得到幸福，她馬上回答「人際關係」。「我們需要深厚持久的連結，我們需要對人傾訴，我們需要歸屬感。我們需要得到他人的支持，以及對獲得幸福來說同等重要的，給予他人支持。」她這麼解釋。因此，凡是能深化、加強人際關係的，都會讓人更幸福。

健康的人際關係讓我們快樂，自我認識也一樣。「我們必須了解自己的志趣，自己的價值觀，自己的性情。只有當我們了解自己時，才能以一種能增進自身幸福的方式來塑造自己的生活。」魯賓說。

這讓我不禁想，在荷蘭，我們可不可以找到幸福的兩個關鍵：牢固的人際關係，以及自我認識？看來確實可以。

聽說很多外國人抱怨，很難和荷蘭人交朋友。「這是一個關係緊密的社會，人們擁有自己的親密交友圈。他們往往終其一生居住在同一個城鎮或地區。」英國作家、《荷蘭人為何與眾不同：深入荷蘭隱密核心之旅》（Why the Dutch Are Different: A Journey Into the Hidden Heart of the Netherlands）一書作者班．柯茲（Ben Coates）指出。

荷蘭人受到這些緊密人際關係的支持，但還有來自其他方面的支持。當我問荷蘭壓力管理中心的卡洛琳．海明，荷蘭人為何這麼快樂，「社會保障。」她這麼告訴我，「和美國相比，這是極大的差異。在美國，人們最終可能會流落街頭。」她說。

同樣投入幸福研究的行為科學家艾普・狄克思特修斯（Ap Dijksterhuis）也有同感。他說：「幸福國家的共同點是穩定的民主、良好的社會制度、沒有貧困、沒有貪腐、一個人民可以信任的政府，以及擁有相當程度的財富。」而這些條件荷蘭都具備了。

世界幸福調查大都是自述性的，而且如同社會學者魯特・溫霍芬的解釋，把幸福定義為「你對自己生活的喜愛程度」。所以說，這跟人們如何表現自己的幸福關係不大，而跟他們對自身生活的感受比較有關。因此，比起「幸福」，「滿足」一詞或許更適合用來形容荷蘭人。「這跟你如何表現幸福關係不大，因為就算沒有表現出來，你仍然可能很幸福。」溫霍芬解釋道。「我們生活在一個繁榮和安全的國家，它充滿追求大量自由的理想，人們過著適合自己的生活。」荷蘭人明白這點，而且對此感到滿足。

相較之下，美國人或許過於關注幸福了，反而為自己帶來痛苦。「不快樂的人比快樂的人更常想到幸福，就像病人比沒病的人更關注健康。研究顯示，快樂的人比較重視快樂，也更樂於接受愉快經驗。」溫霍芬說道。

對我來說，身在一個如此美麗絕倫的國家，想要不快樂也難。有時候我覺得，在荷蘭生活就好像活在旅遊指南裡一樣，一點也不誇張。荷蘭被《孤獨星球》（Lonely Planet）雜誌選為二〇二〇年十大最佳旅遊地點之一。你讀到的關於這個國家的一切都是真的。運河邊的老房了？它們是真的。鬱金香田？它們看來就跟照片上一模一樣。風車？是，那也是真的。當我和父親在九〇年代中期造訪荷蘭，我們數了風車，但數量實在太多，最後我們只好放棄。但有時候我們仍會把風車稱作「數字」。我覺得住在這裡實在非常幸運。

如果這還不能讓你想搬到荷蘭，我不知道還有什麼可以。

關注話題：沙丘，我在荷蘭最愛去的地方

當你住在海牙，你很難忽略沙丘。畢竟，這個城市有十一公里長的海岸線。沙丘很快就成為我最愛去的地方。生長在荷蘭境內的一千五百種野生植物和花卉中，有一半分布在荷蘭各地的沙丘區。

沙丘在每個季節都極為迷人，春夏綻放著黃、白和粉色的花朵，到了秋

冬便被綠、棕和深紅色的苔蘚和野草取代。我喜歡和家人一起漫步其中，感受四季的色彩和溫度變化。

我有個有趣的小理論，可以解釋為什麼我如此熱愛沙丘，這和大草原假說（Savannah hypothesis）有關：當人類從森林遷移到大草原，他們學會用兩條腿走路。儘管人們之後又遷移到了都市，也許我們心中還殘留著對這類景觀的依戀。

事實上，當人們看見各類風景照片，被問到最喜歡哪一種時，大草原照片輕鬆獲勝。大草原通常是平坦的，而沙丘是高低起伏的，但沙丘有著類似的灌木叢和大片野草的組合，也同樣居住著大型草食動物，像綿羊、高原牛、波蘭原種馬（Konik），甚至是wisent，歐洲野牛！我承認這些不像斑馬、獅子或大象那麼令人興奮，但牠們一樣很美麗。

哥倫比亞大學心理學家大井一郎進行的一項研究顯示，內向的人喜歡山林，而較為外向的人則偏愛開闊的平原。難怪我那麼喜歡沙丘。在這麼一個地勢平坦的國家，沒有比沙丘更近似山的地方了。

快樂與健康

荷蘭也是一個擁有健康人民的國家，有著高預期壽命和高生活品質。國際慈善團體樂施會（Oxfam）的一項研究顯示，在所有受調查國家中，荷蘭擁有獲得水果和蔬菜的最佳管道，這意謂著荷蘭人即使沒有很多錢，仍然有能力購買新鮮的農產品。樂施會的「安心食」（Good Enough to Eat）調查將荷蘭列為多個項目的第一：供應量、食物可取得性、食物品質和健康。

有趣的是，歐睿（Euromonitor）市調公司所做的另一項研究顯示，荷蘭是全世界最嗜吃糖和脂肪的國家之一。用餐時經常搭配炸薯條，而荷蘭小孩會吃撒了 hagelslag（巧克力米）的鬆軟白吐司當早餐。

由此可以看出，荷蘭人有時候相當縱情享樂，而且絕不會虧待自己。他們常喜歡吃 bitterballen（小炸肉丸）之類的點心，搭配各種飲料；還有美味的焦糖煎餅，stroopwafel。但他們對飲食相當節制，不會太頻繁，也不會過度。此外，許多美味小吃都是季節性的。例如 oliebollen，荷蘭版的甜甜圈（字面上的意思是「油球」），只在十二月到一月間販售。

關注話題：荷蘭食物

我透過一個團體認識了李・布魯諾・克拉克（Li Bruno Clarke），那是一個專門協助在荷蘭的外國人尋找製作家鄉美食所需食材的團體。

李說：

「我帶著兩只行李箱和無比勇氣飛抵荷蘭。我剛離婚，年近四十，沒有大堆工作等著我，有的是肯吃苦打拚的美國精神。結果證明，這次行動是我這輩子最瘋狂但也最明智的決定。

身為老饕，這裡簡直太迷人了。阿姆斯特丹的陳年乳酪和炸肉丸讓我吃出了體重。還有法國進口葡萄酒和比利時進口巧克力，因為它們就在那兒！

透過人脈，我找到一份國際能源產業的工作。第一件事是學習和荷蘭人共事。結果證明，這是最簡單的部分，荷蘭人非常正經務實，有時甚至給人不講情面的感覺，但其實不會。我來自美國一個多元文化的家庭，直率的交談對我十分受用。

對我來說，最麻煩的其實是午餐時間。我習慣『dining al desko』，在辦公桌上用餐，順便多做點工作。但在這裡根本行不通。你應該要出去吃午餐，你應該要和你的同事們聊天，主要用荷蘭語。也許你怎麼也無法習慣吃三明治搭配牛奶或橘子汁，但你將發現更多關於你所定居的這個新故鄉的日常生活點滴。」

讓荷蘭人快樂的文化特色

說到食物，我喜歡荷蘭人用 lekker（意思是美味）來形容一切，而且不僅僅是食物。睡眠可以很美味，暖和可以很美味，跳舞？當然美味。平靜放鬆？美味，真美味。而且，對荷蘭人來說，就算是忙碌也很美味，就像他們有時會說的 lekker druk！

這讓我想到 Niksen。你可以說美味的 Niksen（lekker niksen），因為無所事事也很美味。這是荷蘭語常見的一種表達方式，就像英語的「甜蜜的無所事事」（sweet, sweet nothing），多少表達了類似的情感。

如果一個國家能包容自我放縱（有限度的），並且花時間在這上頭，還常喜歡把許多美妙的事物稱作美味，那麼它會孕育出 Niksen 也是再自然不過的事了。

往下讀，你會發現更多荷蘭人如此快樂的原因。

區隔

荷蘭人的一個典型特色是所謂的 verzuiling，意思是分隔，也就是「各走各的路」。

「有些國家有點像大熔爐，他們把所有東西混在一起，試圖消除人與人之間的差異。他們努力確保人人採取相同的價值觀。但在荷蘭，尤其是過去，他們的做法是分隔。」結果就是，「天主教徒和新教徒有了各自的學校、醫院和大學。」《荷蘭人為何與眾不同》一書作者班．柯茲解釋說。

這種區隔正在消失，但觀念依然存在：各走各的路；換句話說，自己活，也給別人一條生路。

「這或許助長了一個事實，就是人們有權挺身表達自己的意見。」他又說：「這是荷蘭的一大優勢，也許這正是他們如此寬容和成功的原因。每個人都有權利被聽到，有自己的意見，並且讓自己的意見受到重視，即使是孩子們。」

正常就好

當美國女子足球隊贏得世界盃，她們在公眾面前表現出的喜悅並沒有被忽略。尤其梅根・拉皮諾（Megan Rapinoe）還被譽為這次大賽的明星。球隊的欣喜之情讓人看得開心，但並非人人都這麼想。「你看到那些美國女球員，在踢進第三個球之後，她們還在歡呼個不停！這不是荷蘭人的作風。」阿姆斯特丹的親職教育專家卡薩琳娜・哈弗坎普（Catharina Haverkamp）說。

在荷蘭，這樣的情緒爆發再怎麼說都是怪異的，在某種程度上甚至是不真誠或無禮的。「我們不需要一直喜形於色，會讓別人不開心。謙虛一點對自己是好事。」哈弗坎普說。事實上這牽涉到荷蘭人的一些根深柢固的心理狀態，而這可以從幾種行為表現看出來。

荷蘭人說，Doe maar gewoon, dan ben je al gek genoeg，意思是，光是表現正常，就已經夠瘋狂了。這不表示每個人都必須用同樣的方式說話和行動，但過度的表現或情緒爆發會招來側目，而不誇耀自己的成就則會受到支持。他們的信念是，行動會證明一切。

平等

在職場上，層級組織十分扁平，員工和管理階層之間的距離非常小。決策是透過達成共識而形成，每個人都可以表達意見，有時甚至包括那些和該決策無關或關係極淺的人。

這種共識的形成叫做 polderen，它也是荷蘭民主的核心。這個國家的政黨眾多，每次新政府的成立都需要許多（小）黨組成多數黨聯盟。荷蘭的政治在很大程度上是尋求共同點以及妥協的過程。

關注話題：荷蘭的職場文化

讀了《商業內幕》（Business Insider）雜誌對山本直子的一篇訪談之後，我立即聯繫上她，因而認識了她。我對 Niksen 在其他國家引起的共鳴感到驚喜，也很想知道日本的職場文化和荷蘭有什麼不同。直子說：

「首先，一般日本企業都有明確的層級制度，決策過程也複雜得多。我們需要大量共識才能做出決定，而這個過程非常耗時。在日本，計畫的擬定是非常謹慎而周全的。

在荷蘭，老闆和下屬之間的關係主要取決於扁平的層級制度，決策過程簡單、快速得多。但有時決策得太快、太草率，也較容易失敗。

我認為層級制度和漫長的決策過程讓日本的職場文化更為辛苦而緊繃，我們的工作時間長得離譜。經過如此冗長的過程和周全的計畫，我們會害怕失敗，害怕犯錯。如果我們能像荷蘭人一樣工作，或許會有更多時間進行 Niksen。

教育體系也讓我們很難採行 Niksen。首先，暑假期間我們有大量家庭作業。我想這就是為什麼日本人就連放假都不太擅長進行 Niksen！再者，我們從小被教育做事要謹慎、完美。我們的目標是完美而不是有趣，這造就了我們的性格，影響了我們輕鬆享受生活的態度。日本的教育必須改變。

在我看來，Niksen 需要某種自主性。你必須掌握自己的生活，對工作過度說不。我們必須學會自己決定我們想要休息，過自己的生活。我們必須學會為自己著想！」

孩子們還被教導在學校分享自己的想法，特別是在「圓圈時間」（kringtijd）。在這種活動中，大家會圍坐成一圈，每個人都有機會談論自己的一天。圓圈也是荷蘭生日派對常見的座位安排。部落客史都華．比林赫斯特（Stuart Billinghurst）在他的部落格「入侵荷蘭」（Invading Holland）中稱之為「荷蘭圓圈派對」。另一個以「阿姆斯特丹淺薄男」稱號走紅的部落客賽門．伍考特（Simon Woolcot）更進一步把它打趣地形容為「荷蘭死亡圓圈」。

另一件有趣的事情是，這裡的生日派對，賓客要祝賀每個人，而不只是壽星。這再次顯示，這裡非常重視平等，每個賓客都同樣重要。

平等、知足和「正常就好」的態度帶來了一些矛盾現象。一方面，你可以愛任何你想愛的人，不論性別、年齡或者有多古怪，沒人會眨一下眼睛，因為個人主義受到重視。另一方面，社會上又強烈期待人們要循規蹈矩。班．柯茲說得好：「是的，你必須努力適應。當同志完全沒問題，男人和男人結婚，很好。但如果你把垃圾丟在錯誤的收集桶裡，或者選錯了日子丟，那就是重大的社會醜聞了。」

這是怎麼運作的？魯特．溫霍芬解釋說：「在荷蘭，個人主義與平等主義並行不悖……這個文化傾向於合作，而不是服從於專橫者的發號施令。」事實上，荷蘭人對於「表現正常」（doe maar normaal）的要求並不是指一味順從。那不是社會壓力的結果，而是一股想要溝通、達成共識的意願和欲望。

為何荷蘭孩子很快樂

荷蘭成年人是全世界最快樂的人，不只如此，他們還養育出全世界最快樂的孩子。原因之一是荷蘭人有一套很到位的強大支持網絡，通過日托中心、政府資助的兒童支援機制和帶薪產假等方式，來幫助他們的孩子。

不過荷蘭人的親職教育也有一些問題，我見過最嚴厲的管教行為是，有個母親在她孩子哭泣的時候對他說，「不要哭了，這樣很不 gezellig。」（gezellig 這個字很難翻譯，它的意思大概是舒適美好，本章後文將有更詳細的解釋。）

荷蘭父母很少大吼大叫，而會向孩子解釋他們行為的原因，並向孩子提問。荷蘭孩子個性不魯莽，但活躍充滿自信，習慣被聆聽和參與。

孩子剛出生時，父母會為他們打造一個安穩、寧靜的環境。一項比較美國和荷蘭親子互動的研究顯示，這種寧靜的環境使得荷蘭嬰孩比美國嬰孩更為冷靜、放鬆，因為美國人較常和寶寶互動、玩耍。

「荷蘭人認為童年是非常重要的階段，他們對童年有相當浪漫的想法。接觸大自然，走出去，自由自在，探索人生，這些都是讓荷蘭孩子開心的事。」荷蘭親職教育專家卡薩琳娜・哈弗坎普說。

在荷蘭，父親在撫養孩子方面扮演著重要角色，儘管他們不像瑞典的父親有那麼長的育嬰假。在瑞典，父親享有九十天不休作廢（take-it-or-leave-it）的育嬰假，但荷蘭的父親從孩子很小的時候，就開始參與照顧的工作。想像一下，當我發現自己是台夫特一座遊戲場上唯一的母親時有多麼吃驚。我被一群父親包圍，不用說，我樂壞了。

許多男人會每週少工作一天，以便陪伴孩子。大家稱它為 papadag，意思是「爸爸日」，正式名稱是 ouderschapsverlof，也就是育兒假。並非所有父親都能像這樣每週休一天假，但它讓許多男人可以更常和家人在一起，讓他們除了育兒，還多了做家務、從事嗜好和休閒活動的時間。

透過和本地親職教育相關的文章和專家訪談，我發現另一種典型的荷蘭特質：對常規的需求和熱愛，或者可以歸納為荷蘭親職教育的三個R：rust、regelmaat和reinheid，也就是寧靜、規律和整潔。荷蘭人認為這些都是在養育孩子方面極為重要的價值觀。

「荷蘭人喜歡六點吃晚餐。我想很少家庭會在電視機前用餐，他們會圍著餐桌，那是他們每天的會面場所。」哈弗坎普解釋。

比起美國、英國和許多國家，荷蘭人的教養方式顯然更為寬鬆自由。我問英國作家、與人合著《荷蘭式教養》的編輯蜜雪兒．哈契森，她對荷蘭人的育兒方式有何看法。她說：「如果妳問美國人，他們會下決心給孩子最好的開始，讓他們進最好的大學，讓他們多參加課外活動。」

但在荷蘭，孩子們的生活輕鬆多了。蜜雪兒的幾個孩子都已經十幾歲了，直到上中學才開始有家庭作業，他們所承受的必須成功、拿好成績或獎盃回家的壓力也比較小。

關注話題：荷蘭式育兒術

部落客兼作家阿曼達．凡．穆利根（Amanda van Mulligen），已僑居在這裡很長一段時間。她說：

「我的三個兒子都出生在荷蘭，他們的成長帶著一丁點被我灌輸的英國味，但他們顯然是荷蘭人。這個如今被我當成家的國家影響了我的育兒歷程。如果我留在英國，我養育孩子的方式肯定很不一樣。

首先，從小培養獨立性對荷蘭人來說很重要。許多小學生自己上下學，通常是騎單車。我的兒子們也不例外。

我的十二歲兒子每天都要騎四十分鐘的單車去上學，他剛升中學時，我內心的英國人非常不安，我覺得這樣很不像荷蘭人。然而，其他荷蘭媽媽向我保證，她們也很擔心，但妳只能設下原則，送他們上路，並希望一切順利。唯有如此孩子才能成長為負責、快樂的成年人。

和孩子們生活在荷蘭，我最喜歡的是這裡對玩樂的重視。我兩個上小學的兒子幾乎沒有家庭作業，這表示他們多的是時間和一群朋友在我們的村莊裡到處遊蕩。他們拿無線對講機玩警察抓小偷，或者踢足球、騎單車，風雨無阻。到了晚餐時間他們會準時晃回家。

晚上我們大都全家一起用餐，荷蘭的工作與生活平衡的文化促成了這點。因為我父親工作時間的關係，這是我的成長過程中缺少的部分，而且我知道這對我在英國一些有子女的朋友來說也是一種陌生的概念。

荷蘭育兒術讓我難以接受的一件事，是早餐吃 hagelslag（巧克力米），我的孩子們每天的第一餐都吃早餐穀片。」

荷蘭女人為何快樂

荷蘭科學記者艾倫·德·布魯恩（Ellen de Bruin）在《荷蘭女人不憂鬱》一書中列舉理由證明，荷蘭女性是全世界最幸福的。儘管這本書的初衷是對《法國女人不發胖》之類書籍進行模仿嘲弄，但德·布魯恩經過和歷史學家、心理學家、外籍人士等各類專家對談之後發現，荷蘭女人確實很幸福。德·布魯恩認為，這和高度的個人自由有關。

做為崇尚個人主義的國家，荷蘭的人民在生活方式上有很多選擇，女性也不例外。他們可以在任何時候跟任何人結婚，或者根本不結婚。此外，荷蘭女性沒有必須遵守（男性）當局所制定的規則的壓力，這對她們的幸福感有正面影響。

不過，最重要的或許是，在荷蘭，人們並不期待完美的外表。女人穿衣服是為了舒適和實用性，而不是為了讓旁人驚豔。她們穿著牛仔褲和運動鞋，直率敢言，有強烈的個人權力感。

最後一個，但同等重要的理由是，荷蘭婦女很少經歷其他國家婦女所感受到的，不僅要照顧孩子，還要照顧年邁父母的負擔。多數荷蘭人都認同，照顧孩子是父母的職責，但照顧老人是政府的工作。國營老人之家是生活的一部分，所有人都可以進入。荷蘭人有個名詞 gezin 可以形容核心家庭，它的相反詞是 familie，指大家庭，而這些家庭被視為問題各異的、獨立而不同的家庭單元。

儘管有父親參與，但多數母親還是每週只工作三、四天，以便照顧孩子。這或許也是她們擁有高度幸福感的一個因素。無論有沒有孩子，這裡的很多婦女都是兼職工作，這點被許多研究認為和增進幸福感有關。當女性有時間兼顧職業活動以及家庭和嗜好，她們通常會感覺更快樂。荷蘭是工作與生活平衡的樂土，因為這實際上是這裡的常態。

關注話題：六個文化維度

在二十世紀六〇年代末、七〇年代初，荷蘭研究者吉爾特·霍夫斯泰德和IBM全球各地的辦事處合作，調查不同國家的員工都重視些什麼。他的調查得出六個文化維度，即6－D模型的結論。讓我們來看看，根據霍夫斯泰德顧問公司的研究，這些維度分別是什麼，以及荷蘭和其他國家的差異：

一、權力距離（Power distance）

Hofstede Insights是一個協助企業將文化意識導入商業交易的機構，他們將權力距離定義為「一國的機關和組織中權力較低的成員會預期並接受權力分配不平等到什麼程度」。荷蘭人在這一維度上得分很低（在零到一百分的等級中得三十八分），且重視獨立性、人人享有平等權、權力分散和直接溝通之類的事。

二、個人主義（Individualism）

這被定義為「一個社會在其成員之間保有的相互依賴程度」。荷蘭在這個維度上得到八十分，也因此成為世界上最具個人主義色彩的國家之一。家庭的成員應該要照顧他們自己和他們的近親，雇用員工和升遷的決定應該依據績效而非靠關係。

三、男性氣質（Masculinity）

這個維度並不是指性別角色，而是試著定義一個社會是偏好競爭、勝利和成功（男性氣質）或者合作、關愛他人和生活品質（女性氣質）。「根本問題在於，激勵人們的因素是什麼，是想成為頂尖的（男性），或者因為喜歡而去做（女性）。」荷蘭人在一百分中得到十四分，這使得它成為一個非常女性化的社會。這表示，比起成功和競爭，共識、支持、工作與生活平衡以及團結這類東西更為重要。

四、不確定性規避（Uncertainty avoidance）

這一維度衡量的是「一個文化中的成員受到曖昧不明狀況的威脅，並創造出可以避免這些狀況的信念和制度到什麼程度」。

荷蘭人得到中段的五十三分，在避免不確定性方面稍有偏好，這可能代表他們有嚴格的信念和行為準則。人們也覺得有必要保持忙碌，不浪費時間，而在一些對不確定性規避度較低的國家則恰恰相反。

五、長期導向（Long-term orientation）

這個維度不言可喻，但還是有個定義：「每個社會如何在應對當前和未來挑戰的同時，保有和過去的若干聯繫。」荷蘭的得分相當高，一百分中有六十七分，顯示它的人民極度講求實際。他們也善於為未來做準備，花錢謹慎，適應力超強。

六、放縱（Indulgence）

研究人員試圖透過這個維度來了解「努力節制自身欲望和衝動」在一個文化中的重要性。文化不是放縱就是節制，你或許以為節儉、務實的荷蘭人是一種節制的文化，但他們在放縱維度這一項卻得分很高。只要在狂歡節、國王節或大型足球比賽期間造訪荷蘭，你馬上就懂了。

為何荷蘭是 Niksen 樂土

雖然許多荷蘭人告訴我，他們覺得沒時間進行 Niksen，但我不同意。如果有哪個地方適合什麼都不做，絕對非荷蘭莫屬。這個國家擁有充足的社會支持系統，工時短，休息時間長，可說是 Niksen 天堂。我承認現在的荷蘭人可說是空前地緊張忙碌，但荷蘭文化允許人們進行 Niksen。你問證據？太多了。

準時和日誌

當幼兒診所的護士問：「你的孩子們什麼時候睡覺？」仍然對剛出生的么兒著迷不已的我，妙答了這麼一句：「等他們累的時候。」

簡單地說，我沒有日誌。這類東西可能會遺失，加上我並非隨身帶著手提袋，我不知道該把它放在哪裡。雖然我可以用手機寫日誌，但我已經花太多時間上網，不想再多出一個必須盯著螢幕的理由。

我改而使用掛在辦公桌後方牆上的磁板，把便利貼紙條貼在上頭，不需要時就拿下來。這麼一來，我既不會被一堆預約事項搞昏頭，也不會忘記赴約。

我在荷蘭的朋友們經常抱怨，要臨時和荷蘭人見面有多麼難。他們的日誌裡經常寫滿了工作和社交性質的約會時間。對於那些想和他們混熟、交際的外人來說，這往往是一個挑戰，對於我們這些人尤其如此，畢竟在我們的文化中，人們可以說，「噢，沒問題，我一會兒就過去。」

荷蘭人不管做什麼都要先查一下日程表，這對進行 Niksen 很有利，因為既然他們能利用日程表安排約會，當然也可以在其中穿插進行Niksen的時間。

歡樂溫馨（Gezelligheid）

根據霍夫斯泰德的六種維度的文化模型，荷蘭人果然在個人主義上得到高分。他們也重視生活樂趣、縱情享樂。

這些特質和價值觀在荷蘭人的 gezelligheid 觀念中融合為一，這個字源自於我們之前提過的 gezellig，一個很難翻譯的字眼，相當於丹麥語的 hygge，德語的 gemütlich，或巴西的 saudade。雖然它可以粗略地翻譯為「奇妙有趣」、「氣氛美好」或「美好」，但它又不完全是這些意思。它是獨特的荷蘭語，適用於各種情況，從溫馨的家庭聚會，到雙人晚餐或者熱鬧的大型宴會等。

我的祖父，前波蘭駐荷蘭大使，將 gezelligheid 定義為「一切能溫暖人心、讓人會心一笑的事物」。我想這是我最喜歡的對這個字的定義。我想 Niksen 有時也可以被視為「gezelligheid」！

批判性思維

荷蘭人是好批判的思想家，他們不太會毫不質疑地接受一種新的流行趨勢。這或許是為什麼 Niksen 在受到美國媒體關注之前，在荷蘭幾乎無人談論的原因。這是件好事。盲目地接受任何出現在地平線上的宣傳炒作同樣不是我的作風，畢竟我的雙親都是科學研究者，況且我還經常開各種健康新潮流的玩笑（太嚴格了！太費功夫了！沒空搞那些！）。

任職於霍夫斯泰德顧問公司，住在芬蘭的荷蘭人埃格伯特．施拉姆告訴我，在荷蘭，人們幾乎都會自動保留一個反饋迴路，尤其是在有多種觀點的情況下。「這意謂著荷蘭人完全可以接受在新資訊出現的時候，改變自己對某件事的觀點。」

荷蘭人批判性思維能力的一大優點是，它產生了絕妙的幽默感！這點在他們對《紐約時報》最近一篇文章的回應中表露無遺。這篇文章說荷蘭人有個傳統，就是在半夜把十幾歲的孩子丟在森林裡，讓他們自己找路回家。事實上荷蘭人沒有這個傳統，而推特上的討論也非常有趣。

「我甚至不知道我最後找到的那個家是不是我原來的家，但我們成了一家人。」一個荷蘭人寫道。「天哪，應該讓他們回家嗎？」另一人這麼寫，完全證明荷蘭人實在太有趣了。

卡薩琳娜·哈弗坎普也有同感。「我想這是因為荷蘭人生性樂觀，有幽默感，這會讓事情顯得不那麼嚴重。這是我們相互扶持的方式，開個小玩笑，把大事化小。」

率直

有一天，我在當地的 kinderboerderij，也就是寵物動物園，給我家排行老二的女兒餵奶。一個女人在我旁邊坐下，說：「我覺得妳親自餵奶真的很重要。」我驚呆了，想不出該如何回應，尤其當時我一邊乳房露出，懷裡抱著一個躁動不安的嬰兒。為什麼這個陌生人覺得她有必要分享她對我哺餵孩子的看法？可是她在那兒，表現得好像對一個素昧平生的人提供忠告是再平常不過的事。

這或許會讓來自不同文化的人感到困惑，在這些文化中，稍有禮貌或行為得體的人想都不會想到要這麼做，也因此荷蘭人經常給人粗魯無禮的印象。但在荷蘭人看來，這一點都不粗魯，只不過是意見交流。

「荷蘭人不覺得這是不禮貌，他們認為這是真誠。而在我這個英國人看來屬於禮貌或委婉得體的東西，荷蘭人會說是無謂的撒謊或不誠實。」班・柯茲解釋說。

我必須承認，剛開始我覺得這種性格特質有點惱人。但我學會欣賞它，並且看到它的優點，它能讓彼此迅速消除疑慮。荷蘭人不拐彎抹角，只給你事實，或者他們的意見。如果能正確理解這種直率的作風，將會帶來極大的效益。

開放與寬容

荷蘭人的另一個特質是開放，只要看看荷蘭的房子和它們的大窗戶就知道了。走在街上，你可以一眼看見每個人的家裡。有些人甚至沒裝百葉窗或窗簾，根本是在邀請你偷窺。儘管這等於是說「我沒什麼好隱瞞的」（還有「我的家具都是在 IKEA 買的」），你還是不該因此就一直盯著別人的家裡不放。

儘管如此，開放是本地生活的一個真實情況，在這個沒有太多禁忌的國家，人們很少覺得有必要隱藏自己的任何事。根據荷蘭人的說法，沒有什麼是不能（或不該）談論的。他們稱之為 bespreekbarheid（也就是可談論性），這表示他們不怕公開討論令自己為難或不舒服的話題。

雖然有時候這讓我難以理解，但我越來越相信 bespreekbarheid 其實是件好事。對自己的問題避而不談本身就會導致許多問題，包括抑鬱、焦慮和憤怒。荷蘭人願意談論而不是把事情壓下來，這或許有助於他們的整體幸福感。因此，儘管外人和外國人可能會覺得唐突、魯莽或詫異，但在這裡你擁有暢所欲言的自由。

因此，在人們不需要隱藏任何事情的荷蘭，如果有人想進行Niksen，也就不需要找個什麼都不做的藉口。只要說「ik zit te niks」，也就是「我正在做Niksen」，就完全交代得過去。我什麼也沒做。我們可以從荷蘭人身上學到很多東西，而活得理直氣壯正是其中之一。

荷蘭人：快樂或抑鬱？

二〇一三年的一項調查得到荷蘭是全世界最抑鬱國家的結論，讓許多人驚訝不已。

我決定問魯特．溫霍芬對此有什麼看法。「胡扯。」這是他的反應。他接著說：「抑鬱症的治療因地而異，而治療則需要認可。」所以，如果你認可並且治療抑鬱症，是否代表你比那些抑鬱症沒有被認可並治療的國家更加抑鬱？

我決定向卡洛琳．海明查證，她對這項調查的回應是：「這要怎麼衡量？

有沒有去看醫生？社會怎麼看待？我們的對比很鮮明，幸福感很高，抑鬱感也很高。」

她的評論很有道理。事實上，在一些怪異的國家，也就是受過教育、工業化、富有和民主的西方國家，人們更容易抑鬱。根據假設，正是別人的幸福以及自己的抑鬱之間的強烈反差，使得生活在一個幸福國家變成一件令人不快的事。這就是所謂難解的對比矛盾。

再者，新教徒國家（如荷蘭）的人往往比天主教國家的人更抑鬱，但前提是你原本就容易抑鬱。有個理論認為，新教的個人主義傾向，加上認為人的一生是出生前就安排好的，使得抑鬱的人更加沮喪。

儘管如此，在荷蘭，強大的支持系統和社會網絡彌補了個人主義社會的各種挑戰，同時提供了自主性以及創造符合自身性格、價值觀和信仰的生活的機會。

正如卡洛琳·海明的結論：「身在這個國家真的很有福氣。」

總結

在本章中，你了解了荷蘭人為何經常表現為全世界最幸福的國家之一，以及是什麼條件使它成為採行 Niksen 的絕佳環境。

有些荷蘭人告訴我，一般來說他們不會採行 Niksen。我認為這是他們自己的選擇。他們生活在一個只要他們願意，絕對可以臉不紅氣不喘地進行 Niksen 的國家。荷蘭實在是個無所事事的絕佳環境，荷蘭文化也確實擁有許多利於 Niksen 的特點，例如開放性、行動和表達的自由。儘管如此，Niksen 有時還是很難做到，無論你來自哪裡。

“

Niksen 一下

❶ 你學到哪些可以應用在生活中的荷蘭人特質？是歡樂溫馨的觀念？或者坦白率直？

❷ 如果你想像一個進行 Niksen 的完美地點，那會是哪裡？

❸ 你覺得荷蘭是個什麼樣的國家？我的經驗是否讓你很想移居到荷蘭？

”

Chapter 3

為何 Niksen
這麼難？

我坐在沙發上，試著做一下 Niksen。我最近壓力非常大，儘管我努力想放鬆，心跳卻還是那麼快速。我應該平靜下來，但我沒有。相反地，我注意到家中需要去做的大小事，強烈意識到許多工作期限的壓力。我感覺像是想從小籃子抓起大量雞蛋，不管我跑得多快，動作多小心，蛋白和蛋黃都會濺在地上和我周圍的家具上，不可能把蛋全部抓起來。

我陷入兩難，一方面，我迫切需要從家務、孩子們和工作解脫出來。但另一方面，我不能就這麼撒手不管，我不懂為什麼。這應該很容易才對，畢竟，我什麼都沒做。我沒有到處跑來跑去打掃房子，我沒有忙著工作，孩子們在學校。照理說應該很容易，事實卻不然。

當我坐下來喘口氣，千思萬緒開始在我腦子裡奔馳，互相追逐。想著工作變成想著家務，接著又變成想著孩子們。我很擔憂，不知道自己做得夠不夠。我的筆電和手機不斷呼喚我的名字，我是否錯過了工作機會？萬一我的朋友遇上了麻煩？萬一我錯過了一篇指出我正在毀掉孩子們人生的至關重要的育兒文章？去他的 Niksen，我心想，然後從沙發站起來。

有時候我覺得忙碌是一種簡單的脫身之道，繼續做手上的工作，查看一天的待辦事項清單，比停下來、坐下來做 Niksen 容易得多。事實上，在當今的忙碌世界中，什麼都不做也許是最難做的事。

當我看著動物王國，發現我們是唯一從來不坐著不動的生物。我懷疑這樣是否合乎自然。即使像獅子、獵豹之類的強大狩獵者，都會花時間到處閒逛，什麼都不做。我們是怎麼失去靜坐不動的能力的？我們會為這損失付出什麼樣的代價？

關注話題：提摩西．威爾森的「電擊」研究

Niksen 令人不自在，太不自在了，你或許寧可讓自己被電擊，也不願坐下來一下。這正是聲望卓著的維吉尼亞大學心理學者提摩西．威爾森（Timothy Wilson）的一項著名研究調查得出的結論。

「如果為樂趣而思考是一種愉快的活動，受試者應該不會覺得有必要自己觸動不愉快的電擊。」作者說。但不知怎地，他們確實這麼做了。

威爾森和他的同事們知道，他們所謂的為樂趣而思考，亦即我稱之為

Niksen 的東西，不會太令人愉快。他們想知道，如果讓受試者在無所事事和不愉快的活動這兩者間做選擇，結果會如何，於是他們設計了一項兩部分的調查。在第一部分，受試者對一系列刺激物的愉快程度進行評估，其中一些是正面的（如漂亮的照片），另一些是負面的（如輕度電擊）。在第二部分，受試者被單獨留下十五分鐘，並被指示盡情享受沉思的樂趣。

他們知道電擊器還開著，只要按一下按鈕，他們就能電擊自己。作者解釋，他們的目標應該是享受沉思的樂趣，要不要按下按鈕完全取決於自己。百分之六十七的男性和百分之二十五的女性在沉思當中給了自己至少一次電擊。

這點很值得注意，因為人們通常會盡量避開疼痛。我們總是本能地盡量減少痛苦，增加享樂。然而，我們寧可電擊自己，也不願無所事事，我覺得這很有意思。

到底哪來那麼多事要忙？

很久以前，在中世紀甚至更早，社會上的一些權貴開始藉由從事各種休閒活動來炫耀他們的財富。不工作和從事明顯不具生產力的活動等於是對周遭的世界傳遞一個訊號：「瞧，我有錢到不需要工作。」這就是所謂的otium，這個拉丁語具有多種涵義，但全都意味著某種休閒。例如，羅馬哲學家西塞羅便認為，一個社會至少要有某個階層能夠像這樣優閒安逸地過日子。

然而，優閒度日的夢想和想要勞動生產的欲望之間始終存在著矛盾。在中世紀的歐洲，怠惰被視為罪惡，工作則受到稱許。但是，僅僅為了經濟因素而長時間工作被視為貪婪，因此是一種和怠惰同等嚴重的罪惡。而在《聖經》中，工作也被當作一種懲罰。

正如波昂大學中世紀文學教師伊琳娜．杜米特雷斯庫所說：「這是一個平衡的問題。休閒當然也被認為是正面的，休息本身並不是壞事。」

也就是說，中世紀的人們很少閒坐著無所事事。「並不是說他們從不休息，」杜米特雷斯庫說：「而是他們總是在工作。工作不僅包括他們的職業，也包括烹飪、園藝和祈禱。」事實上，直到工業革命之後，工作和休閒之間的區別才變得較為明確。隨著時間推移，產生了我們現在所理解的休閒概念，伴隨著一整個致力於幫助人們放鬆身心的產業。

新產業的誕生

有趣的是，同樣在十九世紀，美國出現一種新哲學：新思維（New Thought）。這是一種關於樂觀性和積極性的哲學，雖然最初只是被視為喀爾文主義中的清教主義的短暫解藥，但它已發展為我們今天所知的龐大產業。在二〇一九年，相關的書籍、訓練和生活型態選擇等事業的產值高達四十七億五千萬美元，而且仍然活絡且有成長空間。

這種積極性和喀爾文主義形成鮮明對比，芭芭拉．埃倫里奇在《微笑或死亡：正向思維如何愚弄美國和世界》一書中將喀爾文主義適切地描述為「社會強加的抑鬱」。然而，喀爾文主義的許多意旨在新思維運動中幾乎被原封不動地保留，例如持續的自我省思，以及埃倫里奇稱之為「論斷主義」（judgmentalism）的東西。「美國的喀爾文主義替代選擇不是享樂主義，甚至不只是對情緒自發性的重視。對正向思考者來說，情緒仍然是不可靠的，人的內在生活必須受到持續不斷的嚴格監控。」埃倫里奇說。正向思維（以及整體的健康）和喀爾文主義的另一個相似之處是對工作的極度重視。儘管新思維運動追求的不是勞動、工作或職業生涯，而是在自己身上下功夫。

大約就在新思維運動興起的同時，心理學家開始研究，是什麼讓我們快樂，而不是人類的腦袋會出現什麼問題。美國心理學家馬丁・塞利格曼的正向心理學，或稱快樂的科學，同時也開啟了對人和國家的研究，這項研究特別著眼於發現最幸福的人究竟生活在哪些地方，以便調查關於他們不同於世人的做法的線索。

「這股關注斯堪地納維亞諸國和荷蘭的流行趨勢，一部分是基於對正向心理學，或者對研究幸福和健康的興趣，而不只是想研究當人出了問題，或者患有心理疾病時會是什麼狀況。現在我們想知道，是什麼讓人茁壯成長。」在挪威研究幸福的心理學研究者卡麗・萊伯維茲說。

有人會說，其實這並不那麼正面，因為有了種種關於幸福的認知，人們越來越覺得有必要、甚至不得不讓自己幸福。正如埃倫里奇在她的書中指出的，如果有人「做對了」，正向心理學的提倡者似乎是說，每個人都應該能追隨他們的引導。

健康運動的起始並不局限於美國。十九世紀末到二十世紀初，歐洲開始出現各式各樣的社會運動，統稱為生活改革（Life Reform）運動，重點是身體健康、更「自然」的生活方式、性解放以及對權威的不信任。德國在這個時期誕生了幼兒園，孩子們可以在那裡自由玩耍，學習社交技能。移居美國的德國人把這構想引入了他們的新祖國。

同樣在這個時期，馬克西米利安．奧斯卡．伯奇．本納醫師試圖用更好的飲食來治癒肺結核病患，結果創造出什錦燕麥（muesli），改變了全世界吃早餐的習性。目前還不清楚他的食療法是否有效，但作家湯瑪斯．曼參觀了伯奇．本納的療養院，結果落荒而逃，說那是「衛生監獄」。更早些，塞巴斯蒂安．克奈普提出一種水療法，開啟了自然療法。最後但同等重要的是，魯道夫．史代納創建了不無重大爭議的華德福學校（Waldorf school）。

這些社會運動的遺跡在當今顯而易見，鼓勵孩子們在戶外玩耍，成人熱中於運動，如果負擔得起，有機食品是較好的選擇。儘管這些都是正向發展，但我無意把歐洲描繪成天堂。一股對健康幸福的執迷即將來臨，「需要改進的不是世界，而是自我。」德國《每日鏡報》（Der Tagespiegel）一篇關於生活改革運動以及它為何捲土重來的評論寫道。

忙碌是另一種身分地位象徵

一八九九年，美國經濟學家、社會學家范伯倫發表了備受好評的《有閒階級論》一書。呼應西塞羅對 otium（閒逸）的看法，他預言富裕階層將會積極投入他所說的「炫耀性休閒」。在當時這類預言頗為合理，但結果完全不是那麼一回事。

如今成為身分地位象徵的是忙碌，而不是預期中在衣服、汽車或葡萄酒等奢侈品上的炫耀性花費。

在范伯倫的時代，工作被視為美德。可是這種美德和一個人在就業市場中受歡迎的程度無關。「然而在今天，如果你一直很忙，就表示你很吃香。」在哥倫比亞商學院研究另類身分象徵的研究員希維亞．貝雷札解釋說。在美國，忙碌做為一種身分象徵的現象尤其明顯，那裡的新教工作倫理很鮮明，努力工作能讓人爬上巔峰的信念十分盛行。

在荷蘭甚至有一種說法來形容這現象：Druk druk, lekker belangrijk，意思是「忙忙忙，很重要！」，它有時被簡寫為 DDLB。有些人，主要是上流社會人士，會用它來回應「你好嗎？」的問候。儘管這話帶點玩笑的意味，但可不是平空冒出來的。忙碌已成為一種身分地位的象徵，即使在崇尚平等的荷蘭也是如此。

儘管歐洲在經濟上的發展與美國近似，忙碌做為一種身分地位象徵的觀念在這裡得到不少共鳴，但並非所有文化都如此。例如，在貝雷扎的家鄉義大利，人們對忙碌很不以為然。「如果你過完暑假回來，像是在九月，聊起你的旅行經驗，說你一直在工作，在義大利人家會覺得你很差勁。」她說。

貝雷扎認為，這種較為優閒的工作型態有個缺點。「八月份整個國家癱瘓了，因為幾乎沒人幹活。我認為就算是工作的時候，他們的效率也不高。」這正是為什麼她認為北歐國家和荷蘭找到了完美的平衡。「人們重視休閒時間，因此放假時就真的是放假，大家會去旅行。可是當工作時，他們的效率非常高。」她告訴我。這點我可以作證。當工人們過來整修我們家的廚房，他們評估要花三天時間，結果兩天就完工了。

改變工作性質

由於近年的科技發明和發展，我們可以更有效率地做更多工作，我們對自己（和別人）的期望因此增加，我們的休閒選擇也更多元了。我說的不只是手機和電腦。我的新廚房完工後，我發現自己更常下廚，因為準備食物的時間縮短了。

在工作上也一樣。在當前的時代，「我們擁有許多以前的人想像不到的新選擇。」東尼．克拉布說。他是一位著名的商業心理學家，曾與 IBM、Google 等大型跨國公司合作。「我們的期待也因此變得更高：我們希望做得更多、更好，我們必須是超級父母……還有超級專業人士。」似乎所有原本該讓我們更輕鬆的技術進展，最終都為我們帶來更大壓力。

這種持續不斷的忙碌和壓力在中產階級的高級專業人士中尤其明顯，克拉布說：「我們發現，許多最常被解雇的工作者是教育程度最高的一群，而教育程度最高的白領工作者的職業倦怠率也最高。有種感覺，倦怠感正全面接掌一切，而寫這方面文章、思考這問題的人都是高教育、富裕的專業人士。」

一個促成因素是所謂的「零工經濟」（gig economy），一種依賴短期工作者的就業趨勢，包括創意人士、Uber司機和其他小企業家，以及越來越多的傳統產業員工。短期雇約和專案外包十分常見，但無法提供穩定性，因此造成壓力、忙碌和倦怠。一個人畢業、找一份工作然後在公司待到退休的想法已成為過去。對越來越多的員工來說，坐下來放鬆片刻可能是件危險的事。

經濟學教授保羅．多蘭在他的研究中發現，長時間工作並不能讓我們更快樂。相反地，每個人都有不同的最佳工作時數，少於或超過這些時數都會讓人不快樂。

關注話題：Niksen、男人與女人

我們發現，男人無所事事要比女人容易得多。

研究顯示，在異性戀關係中，男性不僅比女性擁有更多時間，而且也更懂得維護屬於自己的閒暇。不只如此，正如布麗姬．舒爾特在《超載人生：分秒必爭的工作、戀愛與玩樂》一書中談到的，女性還會維護丈夫的閒暇，

甚至不惜犧牲自己的閒暇時間。

統計資料顯示，雖然男女的工作量大致相同，但男性做較多的有酬工作，而女性做較多的無酬工作。全世界的情況都是如此，即使最講求男女平等的國家都很難避免，在這方面幾乎毫無進展。

「我認為我們對男女的休閒時間有著不同標準，我們允許男性參與日常的休憩紓壓活動，並且把它當成工作之餘應得的。」讓「情緒勞動」一詞蔚為流行的記者杰瑪．哈特利說。

另一方面，女性被允許進行 Niksen，但是得遵循更為明確的方式。「我們指的通常不是發呆、放鬆，或者在自己家裡閒坐。我們希望女性能夠計畫並且努力實踐自我照護，上瑜伽課、晚上和朋友一起出門作樂或是參加讀書會，使得女性的休閒時間變成額外的，而非慣例。」哈特利說，坦承當她在沙發看書而丈夫在洗碗時，她會感到內疚。

「沒有一刻安寧，就算有，我們也會惶恐地想自己有沒有忘了什麼，不然就是做更多事情來填補空白。」在女性當中，幾乎沒聽過「什麼都不做」。「說我們應該少做是個激進的概念，但我認為大多數女性最終都會從中受益。」她在電郵中告訴我。

不過，男人們也很難做到 Niksen。法國作家呂多．加布里埃勒與妻子黛安娜和兩個孩子住在美國。「做為男人，我們的自我意識和社會價值完全取決於我們做了什麼，以及我們能有什麼貢獻，以致沒有行動會讓人感覺失去自我。」他在電郵中告訴我。加布里埃勒是旨在破除有害的男性氣概的「喚醒老爸」（Woke Daddy）部落格版主。

儘管男性在家庭或婚姻中都不斷進步，但他們的行為仍然限縮在「限制性的性別規範之內。這些規範迫使我們活在一個否定了我們一大部分人性的狹窄男性框架之內。」它們迫使男人在情感上封閉自己，根據加布里埃勒的說法，「這會帶來無數有害的後果，比如焦慮、抑鬱，以及無法接觸真實的自己並建立真正的人際關係。」

這些限制性的性別規範在荷蘭同樣是不爭的事實，「在這個國家，傳統的性別角色依然存在。女性做較多的無薪照護工作，男性則出外賺錢養家。」在 Women Inc. 這個致力於促進兩性平權的婦女網絡擔任編輯的蘇珊．史提曼說。

在文化規範下，女性仍然得擔負大部分的照護工作。「表面上我們是進步的，但你必須更深入觀察。」史提曼說。至於她的建議，「妳的理想是什麼？」她問我。換句話說，規範由你自己設定。

科技

某天，我出門去找我的荷蘭語老師，準備觀賞她籌劃的一個展覽，卻忘了帶一樣非常重要的東西：手機。結果，我找不到想去的地方，又無法通知任何人我去不成了，真要命。

我又累又沮喪，只好搭巴士回家。只是個小東西，一支智慧型手機，但它決定了我一天的行程，而外出時少了它的經驗提醒了我科技是多麼強大，同時又多麼令人心慌意亂。我喜歡彈指間擁有大量資訊。事實上，那次最終沒能去成的展覽之行提醒了我，過去我常得面對一些無知的狀況。如今，多虧了手邊的許多設備，我們幾乎可以隨時隨地掌握一切。

然而，我們可以知道的東西太多，以致常常亂了方寸。多琳．道金馬吉研究科技如何影響我們的人際關係，以及我們閒散無事的能力。她發現許多人用螢幕和設備來自我撫慰，她想知道這會如何影響人們擁有真實、強大而有凝聚力的自我意識的能力。

「如今我們不是往內省察自己，自我撫慰，知道對自己該有什麼看法，而是往外看著外界，看著我們的設備。我們有一個外在的控制點，而不是內在的控制點。」她說，指的是心理學中的原則，亦即人認為自己能控制自己的生活到什麼程度。外部控制點的結果是，我們總是不斷地想接觸我們的各種裝置。「惡性循環就此開始。」道金馬吉說。我們希望有好心情，而且相信那些裝置會給我們這種感覺。

根據克里斯．貝利的說法，如果能抗拒抓起各種電子設備、低頭滑個不停的衝動，對所有人都有好處，因為那些不斷切換、瀏覽的動作不僅毫無效益，還會縮短我們的注意力持續時間（attention span）。因此，我們不僅變得必須依賴手機來自我撫慰，也變得更加散漫、更容易分心，因而更需要自我撫慰。這是一種惡性循環。

科技也模糊了我們的私人生活和工作的界限，我們可以在半夜查看電郵，在天亮之前用 Skype 和某個身在不同時區的客戶通電話，或者沒日沒夜地上網找資料。有了這麼多選擇，我們對工作的看法也起了變化：雇主期待員工隨時待命，而員工也明白這點，於是永遠沒辦法下班。

此外，科技也模糊了工作和休閒之間的界限，因為我們在休閒時所做的和我們在工作中做的有太多雷同。當我向心理學者珊蒂．曼恩坦承我花很多時間瀏覽Facebook，而且聲稱那是調查研究，她承認自己也一樣，還加上一個有趣的觀點：「沒錯！我老是在瀏覽Facebook，而且把它叫做調查研究。但有趣的是，當你瀏覽網頁時，你正在執行一種和你真正進行調查研究時極為類似的活動。」

不斷變化的期待

說到忙碌，我們通常會想到工作，然而這股壓力也蔓延到了我們生活的其他領域。例如，我們不僅花更多時間在工作上，我們花在孩子身上的時間也越來越多，而且父母雙方都是如此。男人越來越積極扮演丈夫和父親的角色，比他們的父親做更多家務，也因此花更多時間在家裡忙東忙西。儘管如此，婦女仍然擔負了大部分的家務和育兒工作。

儘管花更多時間陪伴孩子和家人似乎是一種正面發展，對許多人來說，這實際上增加了壓力和忙碌的程度。尤其是當父母雙方（或父母一方）從事的是《紐約時報》所謂的「貪婪工作」（greedy work），也就是需要高度投入的工作。指的主要是超長工作時間，以及被期待像是沒有社交或個人生活一樣埋頭苦幹。金融、法律和顧問領域的專業人士特別容易成為貪婪工作的俘虜，而這會給親子雙方帶來壓力和忙碌。

但期待不只是工作上的，社會對父母的期待也在上升，於是麻煩來了。如今，許多父母覺得只是按時餵飽孩子是不夠的。他們感到有必要提供有機、非基因改造以及需要花數小時準備的自製食物。光是盡心盡力撫養、愛孩子還不夠，有股壓力要他們必須去了解市面上的無數育兒書籍和潮流趨勢。對許多父母來說，弄清楚自己的理念然後付諸實踐是一項極為耗費心力和關注的任務。

天生喜歡忙碌？

我們寧可給自己電擊也不願無所事事，這可能是有原因的，不是文化因素，而是天性。事實上，我們很可能天生就適合忙碌。正如珊蒂・曼恩告訴我的，「忙碌和活躍對我們有演化上的好處。我們天生就不該坐著不動，我們天生就該積極活躍，不斷探索環境，努力改善一切。」

閒坐著的人會被劍齒虎或其他早已絕種的動物吃掉。因為在過去，資源極為稀少，遠古的人類必須不斷尋找、煩惱並採集這些資源，而一個無所事事的人無法達成這些任務。

「他們既沒有尋找食物，也沒有觀測危險。」觀察懶人的珊蒂・曼恩說。當今我們很重視知識和動腦的工作。「如今各種智慧技能受到重視。但在過去，這些東西是不被賞識的，重要的是你的雙手有多大用處，你可以在田裡種出什麼東西，你可以捕捉到什麼，這些都是以前受到讚揚的長處。坐著思考並不是我們天生會看重的才能。」

直到很久以後，農業誕生，某一類人開始把時間花在思考重大問題上，而不必煩惱食物，其他人則忙著服侍他們。

多巴胺快感

我們喜歡忙碌的原因之一，是它給我們的感覺。「我們或許能從積極活躍中獲得多巴胺，一種帶來快感的化學物質。我們確實可以從新奇事物中獲得多巴胺，而為了體驗新事物，我們必須保持活躍。」珊蒂．曼恩解釋說。

忙碌讓我們感到有效能，彷彿一切都在掌控之中。待辦事項清單和迷你日誌如此受歡迎是有原因的：可以找到當我們把一天分成許多便於管理的小塊時會有的那種滿足感。先工作，接著洗衣，接著晚餐，然後一項接著一項處理這些工作，並在完成的項目上打勾。當我們以這種簡單、線性的方式看待一天，並為自己分派明確的工作，我們會感到很有效能而且滿足。

人喜歡為自己設定目標，不管目標有多小（儘管我要洗的衣物量不小），然後努力實現目標，獲得高效能的滿足感。可是，當我們的工作太多了，我們會開始覺得忙碌。

另一個我們之所以保持忙碌的演化上的原因是較為間接的，而且關係到我們對人際連結和歸屬感的根深柢固的需求。儘管許多人，包括我在內，實際上可能相當內向，甚至畏避人群，但總的來說，我們是高度社會化的物種。根據著名心理學者馬修．利伯曼（Matthew Lieberman）在他的著作《社交天性：人類行為的起點——為什麼大腦天生愛社交？》中的觀點，我們花了許多時間和心力觀察周遭人們的行為、談話、思考和感受，作者甚至認為我們的社交能力是一種超能力。然而，有時候這種超能力對我們相當不利。

例如，當我們看到別人總是很忙，我們會感覺到壓力。要是我們不加入，社交上的代價可能會很高。事實上，腦部掃描顯示，當受調者被要求回憶最近被排斥的經歷，腦中亮起的部分往往和身體疼痛相關，不合群真的很痛苦。此外，被排斥感或孤立感還會帶來別的風險，像是抑鬱，以及身心健康的惡化。

儘管生活在一個有著強烈職業倫理的社會，要抵擋同儕忙碌的壓力是完全做得到的，但這是極為困難的事。

也許我們也渴望 Niksen？

為部落採集食物、留意劍齒虎、為家庭製做器具和衣物等都是非常重要的工作，但也都極為耗費精力。儘管我們天生渴望忙碌，但我們天生也渴望節省精力。事實上，只要看看幾世紀以來人類飲食的發展模式，便能肯定地得出一個結論：我們是一個相當懶惰的物種。

獵捕長毛象似乎是個好主意，意味著可以提供整個部落大量食物。可是這得耗費數小時追逐一隻巨大動物，而且最後極可能沒命。這需要你和你的獵人同伴付出極大能量，實在太費力了，也因此史前的採獵者改用野兔陷阱或者採集野漿果。

「人更是受到無所事事的吸引。如果他們有機會搭手扶梯或爬樓梯，多數人都會搭手扶梯，因為比較省力，什麼都不必做。」研究不活動（inactivity）和神經科學的法國物理治療師布瓦斯貢提耶解釋說。我們抱著這種態度去做大部分事情，我們致力於讓自己越來越有效率，以便能用最少的努力來保障自己的生存。我們越有效率，也就越容易找到食物，而且有更多時間補充我們在活動中消耗的能量。事實上我們在節省精力方面的效率之高，已導致各式各樣的問題產生。

「我們並非真的喜歡忙個不停，我們只想盡量在體能上不活動。於是問題來了，因為我們不必再到處尋找食物。」他說。

布瓦斯貢提耶的理論是，我們受到他所謂的工作最小化（task minimization）的吸引，因為我們討厭浪費精力。我們天生適合忙碌，但我們天生也適合 Niksen。

內疚的快樂

剛開始研究 Niksen 時，我以為只有西方文化的人會因為不工作而內疚，而世界上其他地方的人較可能恣意享受下班時間。但後來我和跨文化研究者伊蓮娜．布魯克爾交談，這種觀點旋即瓦解。

說到休假，我們想到的可能不盡然是無所事事。相反地，我們想到的可能是和家人團聚，和朋友出遊，或者參與宗教活動。「我想其他文化也一樣，比起西方或許猶有過之，但是大家族的團聚肯定不是無所事事。那是一種活動，而且需要相當的精力。即使我們認為這是閒暇……不，那不是閒暇，」她告訴我：「在許多非西方文化中，人們必須參與各式各樣的義務和工作，比如宗教義務，或者家庭職責。我不認為這有多輕鬆，儘管我們把它看成休假。」她解釋說。

和許多人認知的相反，世界各地人們的忙碌或許並不亞於西方人。他們只是忙著做別的事情，不見得有空進行Niksen，起碼不像我們想像的那麼頻繁。許多感覺會在無所事事和休假時產生，其中最深刻的便是內疚。在西方，罪疚感帶來許多混雜的訊息和矛盾情緒：我們為不工作而內疚，但我們也會為工作太多而內疚。有時我們甚至會因為有內疚感而內疚，對我們來說這尤其難以應付。

「沒陪著孩子，或者不工作時，我們會感到內疚。如果只為了自己而休假，罪惡感更是加倍。我們就是會有一種必須做點什麼的感覺。」珊蒂・曼恩說。接受我的訪談前，她剛舉行了一個關於隨手塗鴉的研習營。

「我生長在一個在夏天和耶誕節前後會大幅放慢速度的世界。我不能全年無休工作，我的大腦在耶誕節不工作，因此我試著不插電。我試圖仿效斯堪地納維亞諸國的作風。當我休假時，我真的斷絕一切聯繫。這很不容易做到。」在美國住了十二年的義大利裔研究者希維亞・貝雷札說。

「我真心喜歡我在這裡的工作，但這個國家的工作心態肯定會讓你大大改變。」她說，並且承認以前她很不願用辦公室外的助理，因為她不想讓別人知道她在度假。我問她是否在義大利和美國都會感到內疚，她說：「在義大利，當我在週日工作而不是陪伴父母，我確實會內疚。」

儘管內疚是一種令人不快的情緒，但發現我們不是唯一會內疚的人，多少讓人覺得快慰。罪惡感似乎是一種所有人共通的情感。

忙碌對我們有何影響？

在繼續之前，有個小警告：我不是醫生，只是一個研究壓力及其對人身心的負面影響，並針對這問題採訪了許多專家的作家。請用批判的眼光讀本文，若發現錯誤之處，也請告訴我。

抱怨生活壓力是常有的事，相信你聽過別人抱怨，甚至你自己也抱怨過。我們常把「壓力」兩字掛在嘴上，但我們是否真知道它的涵義？我們來仔細探究一下。

當面對必須改變或調整自己的行為或環境的情況時，我們會感覺到壓力。壓力實際上是面對任何需要投注心力的情況的一種重要反應。但壓力過大，問題就來了。

當我問卡洛琳．海明，什麼是壓力？她告訴我，這是「身體的適應性反應，不僅在工作中會有壓力，從事運動時也會，因為運動需要能量，而壓力會帶給我們能量。」壓力是一種身體反應，可能由任何型態的活動引起。「每當從事活動時，你都會感受到壓力。」壓力級數和活動級數呈正比關係：「我們越活躍，感受到的壓力就越大。」海明解釋說。

一般來說，壓力是一種正向而重要的反應。就像痛楚，會在身體出問題的時候出現。壓力是大自然在告訴我們，該找時間放鬆一下了。但是，就像青蛙感覺不到逐漸上升的水溫，結果慢慢被煮熟一樣，我們往往直到事態嚴重才察覺自己的壓力有多大。

「當你坐下來做 Niksen，你會發現自己的身體有多緊繃，你會發現自己無法靜下心來。你不能告訴自己『馬上靜下心來』，事情沒那麼簡單。」海明說。我們的身體適應了升高的壓力級數，並且把它當成新的常態。「身體適應了，大腦也跟著適應。」海明這麼認為。她把壓力比作一種波，波峰是活動高潮，波谷是平靜時刻。可是當我們感受到壓力，「波峰變大，時間拉長，於是我們無法回到平靜時刻。」她解釋說。

壓力過大會導致身體進入戰鬥或飛躍模式。「當這種情況發生，我們的神經系統會進入超載狀態，因而引起焦慮升高、失眠和易怒等症狀。」現居舊金山、專門研究情緒健康、心理健康和親職教育的心理學家兼作家朱麗・弗拉嘉呼應。

弗拉嘉說，長期壓力也會「抑制人的免疫系統，使人更容易得感冒和流感。壓力也會導致身體緊繃，進而引發肌肉痠痛。」一旦你的壓力反應系統被啟動，通常需要一段時間才能讓它平靜下來。壓力是全身反應，需要不同系統間的配合，要關閉這種反應也需要這些系統一致同意。

壓力甚至可以使我們的大腦重組神經路徑，以為這是一種正常的存在狀態。這要歸功於所謂的神經可塑性（neuroplasticity）。神經可塑性，或稱腦可塑性，是大腦在個體一生中不斷變化的能力。「我們不只在行為方面很難靜止下來，保持安寧，事實上我們已經重組了大腦的神經路徑，以致大腦中和寧靜、情緒調節有關的部分被剪除了。」多琳．道金馬吉說。

對大多數人來說，壓力會引起焦慮。弗拉嘉說：「壓力會激發我們的『內在批判者』，這種內心的聲音會告訴我們，我們不夠好，不夠聰明，或者應付不了種種生活需求。」弗拉嘉說。這種聲音會升高壓力級數，因為它讓我們想要做更多，而非更少，這樣我們就不會覺得自己不足。「結果，不只壓力增加，易怒和焦慮感也跟著上升。」

當我們變得太焦慮或壓力過大，我們會無法專注，無法工作，連最簡單、最基本的日常工作都處理不來。這會陷入一個惡性循環，由於我們無法完成工作，我們進度落後了，於是引起更多焦慮和壓力。壓力是通往黑暗面的路徑，壓力帶來擔憂，擔憂帶來焦慮，焦慮帶來痛苦，又是一個惡性循環。（歡迎在此加入你對《星際大戰》尤達大師的模仿。）

在《忙碌：如何在過度富裕的世界中茁壯成長》（Busy: How to Thrive

in a World of Too Much）一書中，東尼・克拉布討論的內容主要是忙碌對我們保持專注的能力的影響。他說：「對我來說，忙碌的反義詞不是在海灘上放鬆，而是指處在人事或問題的瘋狂海嘯之中，仍保有專注於更重要事物的能力。」他認為，壓力不僅會影響到那些壓力過大、專注度降低而導致進展緩慢的公司和組織，同時也越來越影響到家庭的互動。

忙碌的光明面

忙碌也有好處，「我們工作這麼多是有原因的，一方面和事業與市場的壓力有關，但從另一方面來看，實在是因為有趣的工作太多了。對多數人來說，工作比一百年前更有樂趣。」魯特・溫霍芬說。

然而，不幸的是，儘管對許多人來說，工作變得更有趣、更具智力挑戰性和創造性，但它也導致了一種新型態壓力的出現：FOMO，遺漏恐懼（Fear of Missing Out）。有太多有趣的事可以選擇去做了，以致我們對這些選擇感到焦慮。選擇一樣活動、工作或方案，意謂著對另一樣說不。許多人總覺得有更好的東西在前面轉角等待著，一些我們看不到或剛剛拒絕了的東西。我們更加努力工作，以便適應當今的生活型態。不僅職業生涯如此，在社交方面，我們同樣有著持續不斷的焦慮以及由此衍生的忙碌。

「因為我們擔心，如果不把每一刻時間都填滿，就表示我們沒有充分、有效地運用自己的時間。因此，只要一有空，我們就立刻上網，拿起各種電子裝置，滑來滑去、捲動網頁。我們不允許自己的腦子享有片刻的自由寧靜。」珊蒂．曼恩解釋。

忙個不停已成為一種令人熟悉的感覺：我們對它既熟悉又了解，我們身邊的每個人也都知道忙碌是什麼感覺。其結果就是，我們創造了一個認為忙碌是正常、甚至可取的社會。一開始它悄悄地向我們席捲而來，如今它成了我們的一切。「人總是會選擇熟悉的事物，避開未知事物。我們說服自己相信，活得有效率就是一種最好的生活方式。如今我們會輕易選擇熟悉的忙碌之路，而不會讓自己彆扭地閒坐著沒事做。」多琳．道金馬吉說。

總結

在本章中，我們檢視了我們之所以忙碌的諸多原因，並了解到現代科技讓我們時時刻刻分心、忙著上網，有時加深了我們的忙碌感。我們明白了我們的工作方式使得我們很難無所事事，因為我們的私人生活和工作之間的界限變得模糊了。以上種種因素讓 Niksen 變得困難，但並非不可行。因為在你了解到我們可能天生適合忙碌的同時，你也發現了我們其實是相當懶惰的物種。所以，希望仍然存在，也許哪天 Niksen 就自然而然地發生了。

“

Niksen 一下

❶ 你何時會感覺到壓力？

❷ 你和科技產品的關係是否也帶來了壓力？

❸ 這種關係對你和你身邊的人有什麼影響？

”

Chapter 4

Niksen 對你真的大有助益

我又坐在沙發上，這次我不工作，不思考，甚至不看書。我在 Niksen，感覺太美妙了。我很放鬆，光是坐著感覺就很棒。我不時有股衝動想要起身去洗衣服，但我不甩它，因為我終於到達 Niksen 境地。

在極其愉快的片刻中，沒有什麼需要我操心。我感覺壓力從我身上一點點滲出。我很放鬆，但很機警，準備好迎接這一天。過了一會兒，奇妙的事情發生了。許多點子逐漸形成，在我腦子裡打轉。它們相互激盪，形成新的點子，每一個都比之前的想法更具創意。

這樣的時刻很少會持續太久，很快地，家務和工作的旋風又會像往常一樣橫掃而來。但是，此時此刻太棒了！我心想，我可以多加利用。

不久，當我起身去工作後，交談變得流暢，我甚至發現自己不慌不忙、輕輕鬆鬆便完成我最討厭的雜務。我感覺做決定變得容易許多，而且對於自己所做的決定感覺更愉快而自在。我感覺渾身注入了一股幾乎無所不能的強大力量。

這一天我的忙碌程度並沒有比平常少，我的責任也絲毫沒有減輕。我還是有工作要做，也得從早到晚照料孩子們和家務。但不知怎麼地，在這短暫而有效的休息之後，我感覺自己更有能力盡到本分。儘管各種任務依然像往常一樣不斷湧現，我卻能從容地逐一處理。我甚至覺得自己充滿創意、玩心，而且有效率。所以問題來了，這種內在流動狀態和 Niksen 有何關聯？

身心一起 Niksen

「了解大腦運作方式的常用方法是讓它做點事，指派一個任務給它。」一美國神經學者、華盛頓大學醫學院教授馬可斯・萊奇爾（Marcus Raichle）告訴我，並逐步向我揭示了他的驚人發現。

長久以來，人們普遍相信，當我們什麼都不做時，我們的大腦也會停止活動。但萊奇爾發現並非如此。他把受測者放入磁振造影（ＭＲＩ）掃描儀，讓他們在裡頭待上一陣子，然後將這組人和另一組接受任務指令的人們進行比較。ＭＲＩ掃描儀可以藉由偵測大腦局部的血流變化來測量大腦的活動狀況。當大腦的某個區域處在活躍狀態，流向該區域的血液便會增加。

「我很意外地發現，當你從事某種任務，大腦的某些區域實際上會減少活動。」他在電話中告訴我。反之，當受測者沒有從事任何特定任務，一動也不動地躺著，驚人的現象發生了。一個包括大腦所有重要連結的特殊網絡形成了。

萊奇爾把它稱作預設模式網絡（default mode network），即使你什麼都不做，「你的大腦始終是活躍的，始終是開機的。」他說。萊奇爾已開始繪製當人沒有做任何特定事情時的大腦地圖，他看見的不是活動減少，而是活動新增的區域。更重要的是，這個特殊網絡涵蓋的始終是幾個相同的區塊。

也就是說，Niksen 是我們的預設狀態，而我們只有在受到某種內在驅力、焦慮或者金錢等外在刺激物的驅動時，才會從中「醒來」。對我來說，刺激物可能是一個乾淨房間的景象（即使這房間頂多只能保持乾淨五分鐘，這已經算幸運了）。當我們開始進行某項任務，我們會動用大腦的某些部分，其他部分則處於待命狀態。

「當你躺在掃描機內，你的大腦以一種極為協調的方式活動著。當你什麼都不做時，你的大腦做得可多了。」他又說。聽他說話，我發現自己越來越入迷。我們的大腦有一個完整的神經連結網絡，專門用於無所事事……等等，真的嗎？

然而，這並不表示當我們專注於一項任務時，我們最重要的一些器官是歇止的。大腦的確會把能量和能源導向手中任務所需的身體部位，但這並不會妨礙任何其他的生命活動。萊奇爾，除了是科學家，也吹奏雙簧管，他把大腦的各個部位比作管弦樂團的成員。

「舞臺上有七十五個人，音樂是他們齊心協力合作的成果。每一件樂器、每一位演奏者都是大局的一部分。」他告訴我。有時所有樂器一起演奏，有時鋼琴或小提琴特別突出，獨奏者和所有團員共同創造一種和諧的整體性，而他們對於音樂的融合和發揮都同等地重要。

萊奇爾的發現遭到許多批判，主要是因為我們不了解大腦在預設模式下到底如何運作。他認為這種模式是創造力和思緒漫遊的成因，可能只是一種推測和過早的結論。然而，萊奇爾的研究確實意義重大，他對預設模式網絡的發現改變了我們談論大腦的方式。如今我們不再以各種中樞（有掌管語言、創造性思維和運算等中樞）的角度來思考，而是談論整個網絡，例如預設模式網絡、背側或腹側注意力網絡、警覺網絡、額頂葉和側視覺網絡。

萊奇爾認為預設模式是大腦所處的一個重要模式，「驚人的是，當你手上沒有任務時，你的大腦卻忙著處理大小事，喃喃自語。」

我問他，大腦什麼都不做的時候，究竟在做什麼？他停了一下，回答：「忙翻了。」

重新定義生產力

「我敢說妳曾經花一百個小時寫一篇文章，結果反應不佳。然後妳花了十二個小時寫另外一篇，結果大受歡迎。」麻省理工學院管理學教授，《極限生產力：提高績效、減少工時》（Extreme Productivity: Boost Your Results, Reduce Your Hours）的作者羅伯．波善（Robert Pozen）開玩笑地說。

我點頭，因為他說對了。我寫過許多幾乎不花時間的文章和部落格貼文，但點閱率和反應奇佳。我也曾經花大量時間寫一篇報導，卻不受歡迎。

「那麼，妳什麼時候更有效率？」他問我，然後自己回答了這個問題：「我會說，妳在那十二個小時當中效率較高，因為妳很專注，妳很清楚讀者想要什麼，妳知道事情的輕重緩急，妳的溝通順暢。」然而，誇耀自己花了一百個小時寫一篇文章，聽來更令人折服。

在波善看來，我們花在某件事情上的時間根本不值得驕傲。無論工作或生活，我們常遵循一個信條：花在某件事情上的時間越多，必然越好。待在辦公室的時間越多，就代表工作越努力。我們用時間來衡量價值，這是不正確的。

身為生產力專家的克里斯·貝利對一些生產力建議很不以為然。「你常可以看到，有人自認『我是個好員工，因為我每天工作到晚上十點。』問題是，真是這樣嗎？如果你常閱讀關於生產力的文章，你應該可以把這段時間要回來，並且能夠更聰明地工作和生活。當然，並非所有建議都能符合這樣的期待。」他解釋。

貝利認為，對任何想提高工作效率的人來說，被他稱作「思緒漫遊」（mind-wandering），或者我稱為 Niksen 的東西，都是極好的建議。「因為我們不必強迫自己專注在任何事情上，當我們的思緒漫遊時，我們的能量供給可以獲得補充。因此我們可以把那段時間、甚至更多時間要回來。」他說。

在當今的工作文化中，我們誤以為長時間工作就是善盡其事。因此，我們總是把重點放在一些可以明確衡量，而不是真正重要的事情上。

「比起花一整天時間指導兩名加入公司團隊的新員工，我們認為花一整天時間回覆收件匣裡的每一封電郵更有生產力。然而，如果你把指導這兩名員工的所有連鎖效應加起來，」貝利說：「成果可能十分巨大。」

「也許他們會繼續留在公司，也許他們因此更快樂、更有動力，也許他們能協助更多同事。」貝利推測。但這個輔助結果要等到未來才看得到，缺乏急迫感，因此大多數人會覺得清空收件匣比較有成效。

「你不該把重點放在自己的工作時間，而要放在工作的成效上。」麻省理工學院的羅伯．波善也有同感。

有時候，想成為一個更有生產力的人，你所要做的就只是什麼都不做。事實上，也許你根本不需要變得更有生產力，而是要重新定義生產力；這麼一來，即使躺在沙發上，或者照料家人，或者去逛博物館，或者做其他沒有立即效益及顯著成果的事情時，你都能感覺到充滿效能。

關注話題：拖延

拖延感覺很像 Niksen，但是，「在『無所事事』、促進健康、減少壓力和拖延之間有一條微妙的界線。」朱麗・弗拉嘉說。不同之處，在於我們無所事事的理由。

「當我們享受不工作的時間，我們並沒有逃避什麼。」她說。可是當我們推拖延宕，我們是在逃避某種特定的活動，「因為我們想避開做它時會引發的感覺。」

有些人總是假裝他們不是真的在拖延，而是在工作，他們會開始按顏色整理書架，瀏覽舊的電郵或打掃房間。這可能是一種狡猾的拖延方式，因為表面上很像在工作。

「如果你在床上看影片，你會知道你在拖延。但如果你用吸塵器打掃，如果你在瀏覽檔案夾，清理它們，或者整理舊的電郵，按字母順序羅列書架，感覺就像『嗯，我很有效能。』因此你不會有拖延的沉重感。」葛瑞琴・魯賓解釋說。

Nikšen能幫助我們克服拖延習性，因為它可以給我們一個什麼都不做的明確時間和地點，恢復元氣之後，我們可能會更樂意回頭去工作，把中斷的事情完成（或者開始去做待辦的工作）。

我一度以為所有的拖延者都是一樣的，實際上並非如此。導致拖延的情況有很多種，基本上拖延者可分為三類：

一、焦慮的拖延者

「人對某項任務感到焦慮，因此不願意著手去做。越拖延，你的焦慮感越強，然後，也許最後期限就逼近了。」魯賓描述。我點頭，因為這聽起來太熟悉了。

「最後，擔心無法如期完成的恐懼壓倒你的焦慮，於是你開始去做，但已經太遲了。這下你真的焦慮了，你已經壓縮了如期完成工作所需要的時間，你可能無法充分發揮你的能力。」魯賓說。

二、厭煩的拖延者

厭煩的拖延者可能根本沒有工作期限。他們就只是一點都不想去做手邊的工作。「這不是焦慮，只是厭惡。就像，呸！」魯賓告訴我。我馬上想到打掃工作。

三、操控性拖延者

有些人拖延是因為他們巴望著會有人現身，設法把他們從義務中解救出來。「他們會想，嘿，就算我不把垃圾拿出去，等你回家後，也許你會覺得垃圾很討厭，然後把它拿出去。」魯賓說。但這主要是操控，而不是拖延。

Niksen與創造力：為何最棒的創意總在洗澡時出現？

「我在街上找人，把他們帶到隔音室，要他們把手機收起來。我告訴他們，我們想看看你會有什麼感覺。」心理學者珊蒂．曼恩說。

一開始，受測者十分不自在，但過了一會兒，他們適應了什麼都不做，離開時覺得心情更平靜且放鬆。本實驗的目的是調查無所事事是否能激發人的創造力？確實可以。

她解釋：「我為他們進行創意測試，結果覺得無聊的人比不覺得無聊的人更有創意。無聊確實讓我們更有創造力，更有能力解決問題，更善於提出富有創意的點子。」但所謂無聊，意思不是整天坐在電腦前漫無目的地瀏覽網頁，或者發推特貼文。在實驗中，重點是要給大腦做白日夢和漫遊的空間，並且不受干擾。因此我覺得這個實驗根本和無聊無關，而是對 Niksen 的研究。

「你必須真的懶散，什麼也不做，讓大腦完全空白，任它自己去尋找刺激。」珊蒂・曼恩說。也許這就是無所事事和創意工作之間的界線有時會變得如此模糊的原因。

克里斯・貝利非常熱中於編織，他告訴我，這有助於他放鬆，讓思緒漫遊。他解釋：「由於這種漫遊，我們的心思會游移到某種境地，讓我們可以把過去的想法和眼前面臨的問題連結起來，並且成為我們將來處理類似問題的方法。」他向我解釋新的創意解決方案是如何產生的。

貝利說：「思緒漫遊可以連結我們腦海中盤旋的無數創意點子，形成我們在其他情況下達不到的新構想，激盪出就算全神貫注地發想，也永遠想不出來的新點子。」

這就是為什麼當我們洗澡、閒坐沙發上、編織或 Niksen 一下的時候，創意會像變魔術般地不斷湧現。這種寧靜、看似被動的方式不像阿基米德洗澡時發現浮力原理的靈光乍現時刻（Eureka Moment）那麼顯著、動人，但是同樣重要。

當我想到一個新的寫作題材，我會想，這是我無日無夜的閱讀，以及傾聽人們在網路和現實中的談話所得到的靈感？或者是我在一個企劃案和下一個企劃案之間享有的寧靜時刻帶來的成果？剛開始你會看到我埋頭寫個不停，但如今我明白，Niksen 的醞釀期同等重要。

關注話題：巨蟒劇團約翰・克立斯談創造力

在一場名為「如何發揮創意」（How to be creative）的演講中，巨蟒劇團

（Monty Python）的約翰・克立斯說，人可能會進入兩種情緒，或者他所說的兩種模式：封閉或開放。封閉模式就是我們工作時的感覺。

「處在這種模式中，我們會有點不耐煩，不只是對自己。還會有點緊張，沒什麼幽默感。我們的目標明確，而且在這種模式下，我們會覺得壓力很大，甚至有點狂躁。」他解釋說。

這正是處在最後工作期限，或者朝著某個目標努力的感覺。它很有效率，有助於我們完成工作，但不是很有創意。

相較之下，開放模式是一種「放鬆、開闊且目標不那麼清楚的模式。在這種模式下，我們可能更富於沉思，更容易施展幽默（往往伴隨著更寬廣的視角而生），結果也更有趣。這是一種可以讓好奇心充分發揮的情緒，因為我們沒有必須迅速完成特定工作的壓力。我們可以嬉戲，而我們天生的創造力也因此得以浮現。」

在我看來，他對開放模式的描述和 Niksen 一模一樣。少了干擾和感官刺激，人的腦子會尋找自己的娛樂方式，並想出更富創意和巧思的點子。儘管這些想法的種子早已存在，但寧靜和 Niksen 是真正讓創造力閃耀的因素。

據克立斯說，有幾件事可以讓你的創造力發光發熱，而它們幾乎都和Niksen有關：

給自己空間

想激發創造力，「你必須為自己營造一個遠離種種請求的空間。意思是你得把自己封閉起來。」他說。

當然，空間的概念是流動的。它可能是一個真正的空間，例如獨立房間裡的一張書桌。此外還有心靈空間，也需要和種種干擾隔絕開來。

時間

克立斯說，我們也需要一些固定的可以靜靜坐著的時間。

「只有當你的空間在特定時間開始，並且在特定時間結束，你才能把自己從我們習以為常的封閉模式中隔絕開來。」

矛盾的是，想讓創造力無邊無際，必須先設下邊界。

我們並不需要擁有一整個上午或大半天的創造力，也不需要每天都充滿創意。「與其現在就進行四個半小時的自我隔離，不如現在做一個半小時，週四再做一個半小時，也許下一週再做一個半小時。」克立斯說。

做 Niksen 也是一樣，能固定安排一點時間進行是最好的。一點點總比沒有好。

更多時間

你會說，不是已經討論過時間了？但這是另一類時間：不管某個念頭有多讓人不舒服，都要坐下來加以思考的時間。「如果我們有個問題需要解決，那麼在解決之前，我們會感覺內心有股焦躁不安，一種緊張感，一種讓我們渾身不自在的不確定感。我們想擺脫這份不安。因此，為了達成這點，我們得做出決定。不是因為我們確信這是最好的決定，而是因為這麼做能讓我們安心下來。」克立斯解釋說。

有創造力的人和沒有創造力的人的差異在於，「多數有創造力的人對這種不安感的容忍更為長久。因為他們投入更多時間沉思，他們的解決方案也較具創造性。」

Nikscn 也一樣，有時會令你感覺很不自在，這就是為什麼我們往往很快分神到手機和各種 3C 產品上。學著靜靜忍受這種不安感一段時間，你會詫異 Niksen 帶來的好處，以及隨之而來的創造力。

Niksen 讓你成為更高明的決策者

我自認不是一個仰賴直覺的人，我喜歡檢視一個問題，從各種角度觀察，然後選擇一種看來最合理的解決方案。當我依賴邏輯思考來做決定，感覺要比憑著直覺來得好。我寫過一篇關於這主題的文章，在文章中主張我們應當選擇邏輯而不是直覺。諾貝爾獎得主丹尼爾．康納曼（Daniel Kahneman）在《快思慢想》（Thinking, Fast and Slow）一書中，針對直覺提出強烈論點，說它是一種「試探法」（heuristic），或者一種節省時間，但可能導致錯誤決策的捷徑。

接著我和荷蘭心理學者、幸福研究者艾普．狄克思特修斯教授討論。他並未改變我對邏輯優越性的看法，但他讓我稍稍了解到直覺的價值。在五種不同實驗中，他發現，當人必須決定非常複雜的事情，例如買房子或選擇室友，他們的直覺選擇往往較為準確，對自己的決定也更為滿意。

在所有實驗中，受測者被分為三組：第一組被要求在看完所有選項之後馬上做出決定。第二組有三分鐘時間做選擇，並被鼓勵有意識地考慮每一種選項的優缺點。第三組必須分散注意力去做一項和住房無關的任務，接著做出決定。結果在所有五個實驗中，分心去做另一項任務的小組做出了更為準確的決定。

因此，儘管邏輯和有意識的思考對於做出重要的人生抉擇時很有幫助，尤其是那些不包含太多變數的抉擇，但這種思考方式有它的局限性。「直覺的用處大得多。事實上，如果你欠缺直覺，但不得不勉強做出決定，結果往往更糟。」狄克思特修斯告訴我。但這方法有個小竅門，為了運用直覺做出準確的抉擇，當事人必須無所事事一陣子，或者被其他和抉擇無關的活動分散注意力。所以，下次你面臨重大決策時，不妨窩進沙發，Niksen 一下。

狄克思特修斯告訴我，當我們進行邏輯思考，我們的大腦是以線性方式運作的，一個接一個解決問題，就像數學方程式。然而，複雜的決策往往需要我們同時解決好幾個問題。「做有意識的決策時，你會考慮一、兩件最重要的事。至於無意識決策，你會想得更多，而且在你不專心時效果更好。」他解釋說。

因此，儘管直覺有它的缺點，但它也能引導我們做出正確的抉擇。在《快思慢想》一書中，丹尼爾．康納曼提到他和心理學家蓋瑞．克萊恩進行的一項研究。他們發現消防員能夠在幾分鐘前成功預測到火場內的地板會從哪裡坍塌。消防隊員感覺到一股熱氣襲來，根據經驗和直覺得知該在何時、如何撤退。然而，當面對經驗不足的狀況，他們就沒那麼成功了。

當時間緊迫又欠缺必要資訊時，我們可以憑直覺行事，因為直覺的功能就在這裡。如此一來做出的決定可能不是最理想的，但或許比擲銅板要好一些。（順便一提，當人拋銅板來決定要不要換工作，不管銅板翻出哪一面，他們通常都會在換了工作之後更加開心。自己去想原因吧！）

當我們擁有某個領域的專門知識，並且身在一個科學家稱之為「良好學習環境」的地方，或者一個能提供信息輸入和回饋，讓我們可以把經驗和它們的結果轉化為第六感的學習情境中，我們的直覺便能得到很好的發揮。例如，如果你的直覺要你在烹飪時加某一種香料，它的效果馬上就能顯現（當你嘗一口醬汁，不是微笑就是皺眉），或者等你上菜時便能明白。下次當你準備晚餐時，你可能會再次伸手去拿這種香料，或者因為第一次直覺被證明是錯誤的，而改用別的調味料。

總結

Niksen 不是奢侈品，是必需品。我們的身體需要它，我們的大腦也需要它，以便做好它的工作。在一段 Niksen 時間之後，我們不僅得到充分休息，腦袋更清晰，也更有能力去面對日常挑戰。這正是 Niksen 的真正力量所在。

在本章中，你了解了 Niksen 能讓你的身體和腦子得到休息的機會，因而為你的心理健康帶來好處。我們也知道它對我們的創造力有著積極影響，因為它能讓許多構想和解決方案相互激盪，產生新的連結。此外，Niksen 還能讓我們更有效率，成為更好的決策者，因為工作中的休息讓我們表現得更好，更有效率。不過，我倒認為，我們讓自己休息，應該只是因為我們的身體需要休息，而不是為了讓自己更有效率，更有創造力，更有生產力。但問題在於：怎麼做？

“

Niksen 一下

❶ 無所事事如何影響你的生產力、創造力和決策過程？

❷ 你上一次想到創意點子或者解決一個複雜問題是什麼時候？是不是在片刻的 Niksen 之後？

❸ 你能否想到 Niksen 對你還有什麼別的好處？

”

Chapter 5

讓生活 Niksen 起來

我常在沙發上談論 Nikksen，但我得承認，我可以多談一點。我如何能更精於 Niksen？我如何在生活中運用 Niksen，無論是工作、家庭或公共領域？和多數現代人一樣，我很忙碌。儘管有時我的生活看起來相當優閒，但多數時候我覺得很忙碌。而這種忙碌感對我一點好處都沒有。

但 Niksen 很難！我如何能在履行一大堆義務和職責之外，挪出足夠時間來做 Niksen？當我有工作要完成，還要照顧孩子、清掃房子，我要怎麼做 Niksen？最重要的是，我如何能在沙發上享受 Niksen 的優閒，而不去想著我手上的所有工作？

工作、家庭和公共空間是我們生活中最重要的三個領域。如果我們能把 Niksen 多少引進這些空間，就算邁進了一大步。我發現，當我騰出時間來做 Niksen，或至少在一天當中找到一些 Niksen 空檔，我會變得放鬆許多。這些 Niksen 時刻會滲透到生活的其他方面，讓我的一天感覺更悠緩，卻有效率得多。我發現把 Niksen 帶入一個領域，會對其他領域產生正面影響。

我尚未談到在公共空間進行 Niksen，但 Niksen 絕非只能在家裡做。正好相反，Niksen 的最大優點是，你可以在任何地方進行，無論你是誰，無論你帶了什麼東西。方法如下：

工作中的 Niksen

既然工作時就可以 Niksen，何必等回家再做？事實上，你在辦公室同樣需要休息、放鬆一下。這不只對你有益，對你的雇主也有好處。以下是在工作中進行 Niksen 的方法。

特地騰出時間來放空

無論是在工作或者在家裡，想想你什麼時候最有生產力和創造力，然後留意你的腦子何時關閉，或者你何時開始以自動導航模式處理事務。這就是你該去散散步，或休息一下的時候了。生產力專家克里斯·貝利認為，這不僅有助於放鬆，提高工作效率，還能消除若干和 Niksen 相關的內疚感。如果你什麼都不想做，第一要務就是停止工作。

通常這指的是「休息」，但是在我們的忙碌文化中，這習慣似乎相當罕見。我常看見有人在辦公桌上吃午餐（就像李・布魯諾說的「al desko」）來提高工作效能，但諷刺的是，這樣做並不會使效能提高。相反地，這樣只會加速工作倦怠。

麻省理工的羅伯・波善告訴我，「過了六十到九十分鐘，人會開始分散注意力，沒辦法專注。」而在理想情況下，這時他們應該要休息一下。此外，休息有好幾種類型。「有一種是最低限度的休息，所以一天之內應該要短暫休息個幾次。然後還有暫停工作更久、較高等級的休息。我們每年都應該有兩、三次這樣的長時間休假。」克里斯・貝利說，並且坦承他的休假天數不太夠。

儘管如此，他還是盡量讓自己偶爾放幾天假，「只是放鬆一下，消化資訊和閱讀。」

拒絕忙碌文化

如果你什麼都不做，請好好享受。當有人問你在 Niksen 過程中到底在做什麼，只要回答「沒做什麼」。對於休息或度假，不必懷有歉意。萬一你開始因為別人以為你在偷懶而內疚，記得不要把 Niksen 看成怠惰的標記，它是一種能幫助你重拾從容沉著、找到寧靜、避免工作倦怠的重要生活技能。

寧可選擇剛開始做 Niksen 時的不安感，而捨棄忙碌的熟悉感。一開始這或許很難做到。身為人類，我們想要有所歸屬，當其他人都忙得不可開交時，我們可能會落入同樣的陷阱。《忙碌：如何在過度富裕的世界中茁壯成長》作者東尼．克拉布建議我們運用社交頭腦，多和那些熱心於 Niksen 的人在一起。和其他人聯合起來，要抗拒文化壓力也變得容易得多。或者你可以和我母親一樣，在辦公室門上掛個牌子，上面寫著：「我會咬人。」我母親不會咬人，但她顯然不想被打擾。

順著自己的節奏工作和休息

人的作息型態不盡相同，也就是說為了達到最大的工作效能，每個人在一天當中的最佳睡眠、工作時間不見得一樣。有些人早上處於最佳狀態，也有人要晚一點才會到達效率的顛峰。

「每個人都應該弄清楚自己何時最具創造力、最有效能。而 Niksen 能幫助你弄清楚。」荷蘭管理學者曼弗雷德・凱茲・德・弗里斯說。他的建議附帶了一張二對二圖表，在上半部寫上「重要」和「不重要」，在底部寫上「喜歡」和「不喜歡」。然後檢視一下你的各項活動、任務和職責，並且決定它們在圖表上的位置。你也可以利用這個工具來安排 Niksen 時間。

「Niksen 是療癒時間，屬於『喜歡』和『不重要』，至少從工作的角度來看是如此。但是對你的身心康復來說，它是非常重要的。」凱茲・德・弗里斯解釋說。儘管在我看來，如果你同意人應該從早到晚工作的想法，你當然會說 Niksen 不重要。

依你從事的工作而異，要在一天的工作中找到 Niksen 空檔或許並不容易。要記住：只要能好好利用，時間長短不是問題。「每個人獨自工作時都會有一些空檔，對於自己的時間安排，我們多少都有能力掌控。因此你可以在自己的辦公室或小隔間休息。」波善說。

像我這樣的自由工作者對時好時壞的工作週期再熟悉不過了，要嘛被工作壓得喘不過氣，要嘛閒得發慌。但大部分工作都是季節性的，因此每天進入辦公室的員工必須處理緊張繁忙的工作活動，也會面對活動減少的時期。

意識到這一點非常重要，因為當工作海嘯來襲，我們勢必得投入更多努力來營造 Niksen 時段。

實驗

找一天，試著回覆每一封電郵、訊息和通知。就像克里斯・貝利在《最有生產力的一年》一書中所描述的，試試看每天從早忙到晚。熬夜加班一直到週末，完全不休息。

另外找一天，「別把手機帶在身邊，想休息時，找一件可以讓大腦漫遊一下，讓注意力稍微放鬆、簡單愉快的事情做。」然後觀察自己在這段期間內每一天的精力狀況。

也許你根本不需要做這實驗，因為結果太清楚了。你八成會發現，當你沒有頻頻查看手機的時候，你的精神狀態最好。貝利說：「一樣東西很刺激，不表示它能令我們快樂。」他指的不單是我們的手機。「我覺得我們有必要多體會一下這類東西帶給我們的感受。」

如果你願意利用機會去進行 Niksen，相信你會為原來自己對無所事事很有一套感到吃驚。也許你會發現你已經做了不少 Niksen，但現在你可以做得心安理得，因為你知道這麼做是為自己好。

也可能你根本不覺得自己是無所事事，只是休息了一下，或是找到空間來發想新點子。

練習 Niksen 有點像學習別的新技能，當我們樂在其中、抱著玩心去做的時候，往往也是表現最佳的時候。

實施會議管理

會議是促進團隊凝聚力、增進團隊成員間合作很好的方式。彼此面對面也可以讓人看到視訊交流中缺少的信息，像是肢體語言。工作會議或許不是大家喜愛的活動，但並非全然沒有好處。

在荷蘭，會議非常重要，因為它是一種建立共識、確保每個人的聲音都被聽見的工具。它是這個國家決策過程中至關重要的一個環節。但重要的是不要見樹不見林，別只是因為大家都在開會而開會。

「我主張舉行時間較短的會議。開會當中很難休息，當你進入第三個小時，多數人都已經注意力渙散了。」羅伯．波善說。事實上，我們發現會議太多是管理階層無法完成更多工作的原因之一。波善建議每次會議不超過九十分鐘。（如果你問我，我覺得連九十分鐘都嫌長了些。）

對抗 FaceTime 視訊文化

FaceTime 視訊化和會議心理有關，它期望員工絕不可以比老闆早下班。「在很多美國機構，你出現是為了讓上司看到你。」波善解釋。而正如山本直子的觀察，FaceTime 視訊文化在日本很風行，在許多其他國家也一樣。

幾年前我在一家翻譯公司工作時就經歷過類似的狀況。有時候連續幾小時沒有工作要做，但我不能回家，因為合約規定我每天必須上班一定的時數。只因為你人在公司裡，甚至在視線範圍內，並不表示你在認真辦事。說不定你整天都在玩電玩遊戲。

員工必須隨時被看到在工作的壓力確實存在。我們必須努力改變這種文化，而改變應該從高層開始。例如，當經理休育兒假，他們的屬下也會跟著做。如果你是老闆，可以給你的員工做個榜樣。羅伯．波善說：「如果你帶領一個團隊或者你是管理者，不妨鼓勵這種休息文化。」

時不時停下來 Niksen 一下，偶爾讓人家看見你無所事事。記住，如果你整天待在辦公室，你的員工也會這麼做；但如果你提早下班，或者找時間放鬆一下，他們也會仿效你的做法。多關注你的團隊在一天、一週或一個月內完成的工作，而不是你的員工坐在電腦前面幾小時。記住：Niksen 不只對企業有好處，它也很人道。

排除干擾

每天我們都試圖回覆收到的成千上萬封訊息，這往往會讓我們在工作或 Niksen 當中大大地分心。我同意，電郵在與工作相關的場合中很重要，但並非所有電郵都是你工作所需要的，你不該覺得有必要對閃過螢幕的每一則通知做出回應。

問題是，要一個人甩開那些干擾，然後靜靜地坐著，就像「把一盤甜甜圈放在他面前，要他抗拒去聞那香氣並且把它們吃掉的衝動。」克里斯．貝利說。

如果你是那種一坐下來就想抓起手機來看的人，那麼請考慮以下的建議。為自己準備一本小筆記，記下你坐下來做 Niksen 時心中產生的各種念頭。如此一來你就不必過於依賴手機，也不會急著瀏覽 Facebook，狂發推特貼文，或者玩糖果傳奇（Candy Crush）遊戲。「如果有個實在令人難以抗拒的念頭讓你無法好好坐著，就把它寫下來，暫時放在一邊。」道金馬吉建議。

這本小筆記也可以做為腦力激盪庫。這是一種寫作技巧，大約花個五分鐘，把腦海中的每個念頭寫下來，從一天當中雜七雜八的煩惱，到一些偶發的想法。這不僅能清空你的雜念，還能誘使大腦相信你已經解決這些問題。你因而獲得解放，能夠像多琳．道金馬吉所說的「要投入、好好感受」，或者 Niksen 一下。

接著我們便可以開始鍛鍊我們的 Niksen 肌肉，學會懷著無聊和不事生產的不安感靜靜地坐下。「我們必須擁有內在的定力，讚許自己能夠去做這件有益健康的事。因為除了自己，沒人會為我們做。」道金馬吉說。

居家的 Niksen

對許多人來說，家是放鬆和逍遙自在的地方，但它也可能是充滿壓力的地方，例如：如果它也是你的工作場所，不管有沒有酬勞。家也是你大部分義務的所在，如果你自組家庭則更是如此。如同你在本書引言中讀到的，有時候我的屋子會對我說話，提醒我還有很多家事沒做。要知道：家務、養育孩子和親人關係全都是工作，所以你有權像在辦公室那樣不時休息一下。

以下是幾個能幫助你在家裡更自在地進行 Niksen 的小訣竅。

駕馭你的期待

當我們沒有去做某件我們認為應該要做的事，往往會覺得內疚。一般而言，這和沒有按照自己的價值觀生活的感覺有關。

「我很重視飲食。所以，如果我吃了一個超大披薩，我便會因此感到內疚。我重視健康，討厭身體臃腫的感覺，而內疚是一種有助益的情緒，能阻止我做出自己討厭的事。」─克里斯．貝利解釋說。

休息同樣會帶來不工作的罪咎感，這也是有助益的。「矛盾的是，休息一下會讓我們覺得沒有按照自己的價值觀生活。我們重視能夠有所成就，我們重視能夠發揮影響力，我們也重視能夠符合別人對我們的期待。」貝利解釋。但我們可以把這個說法轉換一下。「我們可以藉由了解到我們珍視省思的時間，來平衡這些信念。我們珍視擁有充沛的活力。當我們和同事或家人在一起，我們珍視能夠充分投入。」

多琳．道金馬吉認為，重新調整對休息的看法可以讓我們更珍惜那些寧靜的時刻。「當我和人們談論這件事，他們很了解。嗯，他們說，這東西很有價值。學習保持鎮定、全心投入是很重要的。」

學習需要時間和努力，因此，如果你沒能馬上進入 Niksen 狀態，千萬別灰心。要知道，什麼都不做，一開始可能會讓你覺得不自在，沒關係！當你有家務或工作要做，而且往往非得做完才能安下心來，這時尤其會感覺到渾身不舒服。

對新手來說，什麼都不做可能感覺很糟，因為你的技巧還不純熟。別灰心，持續下去，看你是否會逐漸喜歡上它。

重新規劃你的環境

在我寫的那篇《紐約時報》報導登出前，我並未考慮過周遭環境對我們的影響。當時我認為 Niksen 是一種和意志力、持續力有關的單純事物。雖然這兩者都很重要而有助益，擁有適合 Niksen 的空間肯定能讓你獲得更多愉快美好、無所事事的時光。「只要這樣的空間存在，人們就會利用它。」道金馬吉說。

這就是著名的「輕推理論」（Nudge Theory），由經濟學者理查·塞勒（Richard Thaler）和法律學者卡爾·桑斯坦（Carl Sunstein）在他們合著的《輕推：增進健康、財富和幸福的決策力》（Nudge: Improving Decisions about Health, Wealth, and Happiness）一書中提出，並描述了一些看似不重要的決策（例如自助餐廳布置）如何影響我們的消費決策過程。你可以利用這個理論，把你的家變成一個利於進行 Niksen 的空間。添加一張柔軟的沙發、一張舒適的扶手椅、幾只靠墊或一條毛毯。這些美妙的物品也許不是必需的，但它們很棒，也許會讓你再也不想離開你的沙發。我讀過很多關於為孩子們營造可以享有寧靜時刻的小角落的文章，但這個想法對成年人來說也非常適用。不管你幾歲，舒適的小角落總是美好的。你可以選擇寧靜的顏色，像是藍、綠色，避開鮮豔的紅、黃色。

把家具擺在窗戶或壁爐前，而不是繞著電視機擺設。這不只能增進家庭時間和寧靜，也會提供你更多做 Niksen 的機會。如果我們老盯著電視機，遲早會把遙控器抓在手上。

為自己準備好 Niksen 空間會讓你更容易進行 Niksen，你不需要做任何準備，也不必發揮意志力。你可以直接開始。想想你每天早上為了挑選合適的外出服所花的時間。像馬克・祖克柏或已故的史蒂夫・賈伯斯這樣的人，他們每天都穿同樣的衣服，原因很簡單：擺脫不知該穿什麼的煩惱，騰出時間和空間來思考其他或許更重要的決策。

如果你在家裡安排了 Niksen 空間，就不必花時間去想該怎麼做，或者該在哪裡做，只要坐下來 Niksen 就對了。

我也建議你在走廊或廚房放一只小籃子或盒子，方便不時用來存放手機。如果手機老是在你手上、口袋裡，或者就近擺在桌上，它會牽制你，讓你分心。所以要抵抗誘惑，把手機收起來。

請孩子們幫忙

家裡有很多事情要做，伴侶可以平分這些職責。但是你的孩子也住在你的房子裡，到了一定年齡，他們便可以成為你的好幫手。儘管他們可能需要一些時間來適應這些家務，而且動作有點慢，但他們很快就能上手了。而且你可以花點巧思協助他們。例如，我們最近扔掉很多孩子們的玩具，他們非但沒有抱怨，還很感謝我們幫他們擺脫掉大量雜物，慶幸能夠及早清理，省下了不少時間。

減少雜亂，等於需要清理的東西減少，等於空閒增多，等於 Niksen 時間增多，得利的不只是孩子們。

「以前的人很需要孩子幫忙，可是這年頭，我們需要孩子做什麼？」活躍於阿姆斯特丹的前演員、親職教育專家兼輔導員卡薩琳娜・哈弗坎普質疑地說。她說，孩子們需要的是歸屬感，他們想知道自己是被接納的。「做家務是培養孩子責任感的絕佳方式，這也會讓他們感覺自己是家裡的一份子，他們將會從家務帶來的動力中受益。」

外包或放手

雇用家庭幫手是個頗具爭議的問題，因為許多人對於雇用某人來做他們認為自己該做的事感到內疚。

在照顧子女方面尤其如此，即使是富有的女人，都像溫絲黛．馬汀在《我是一個媽媽，我需要柏金包！》一書中描述的，堅持親自照料孩子，就算她們實際上幾乎把所有家務都外包出去了。

另一個讓別人協助照顧孩子的方法，也是我極力主張的，是日間托育中心。我知道，對於英美兩國的許多父母而言，這選項相當奢侈，因為那裡的托育費用非常昂貴，而且把孩子送走也是一種恥辱。但我很幸運地身在荷蘭，能利用這裡的日間托育系統。

日間托育對我們來說是一種奇妙的體驗，每天保母們都會為我的孩子們設計各種遊戲和好玩的活動，他們總是帶著漂亮的新勞作和開心的臉龐回到家裡。孩子們也學習荷蘭語和當地傳統，在這裡生活得愉快自在。這點讓我感激莫名。

想一想有哪些事情是你想要（並且負擔得起）外包的，多久一次，外包給誰。然後利用省下的時間工作、運動，或者做做Niksen。不久前，我為《歐普拉雜誌》寫了一篇文章，分享一些關於如何克服腦中那個老是催促著我們做更多工作的煩人聲音的建議。在該文中，我建議讀者可以問自己三個問題：第一，這件工作會不會影響你的健康、心智健全和幸福？會，那就去做。第二，這件工作是必要的嗎？是，那就去做。第三，最後，問自己：「這是不是我的工作？」你會發現，在許多情況下，這個問題的答案是響亮的一聲「不是」。

在我的Facebook「Niksen客」（Nikseneers）社團中，有人建議我列一份「不要做」清單（not-to-do-list），而加拿大記者瑞秋・喬納特在她所著《無所事事的喜悅：關於退一步、放緩腳步、創造單純歡樂生活的真實人生指南》一書中也給出了同樣的建議。我認為這想法很棒，說不定比「要做清單」更有用。重點是找到你想停止做的事，問自己，這些工作是否有任何一項能幫助你達成任何目標，以及不做這些工作是否會帶來相當程度的負面後果。然後學著對那些不能讓你有所進步的工作說不。空下來的時間，你可以用來 Niksen 一下。

替孩子們少安排一些活動

不只成年人可以從 Niksen 受益，孩子們也一樣。休息或無聊不只對孩子們具有同樣的好處，它對孩子們的影響實際上比對成年人更大，因為它能讓孩子們從小學習獨立自主。而且，他們的大腦比我們的更有適應力，種種益處也鞏固得更快。Niksen 能教導你的孩子帶著不自在的感覺靜靜坐著，而不是倉促做出回應。

「製造更多 Niksen 時間，意思是對自己運用時間的方式設下更多界線，而不是抹殺各種必須去承擔的責任。每個家庭如何劃定彼此的界線取決於他們。」朱麗．弗拉嘉說。她的建議包括減少週末邀約的次數，排出時間來無所事事。

「就說我懶吧，但我在週末排了很多 Niksen 時間。我沒有任何約會，只是窩在沙發裡，抱著我最愛的毛毯和我的貓，欣賞著在我腦中浮現的各種念頭。」弗拉嘉說。有些人或許會把這叫做放空，但弗拉嘉更喜歡稱之為調整頻率。對她來說，好處是顯而易見的。

「什麼都不做並不是什麼都『沒有』，當我們了解到減少忙碌是如何提振我們的身體和情緒健康，它終將成為一件非同小可的大事。」她補充說道。

讓孩子們體驗 Niksen，讓他們創造、想像如何利用這段時間，並不是可有可無的。東尼．克拉布相信，「這對孩子來說是一種必要的體驗。」並且認為無聊是他能送給孩子們的最棒禮物。

做個榜樣

「在什麼都不做、Niksen 這件事情上，父母可以扮演領導的角色。」卡薩琳娜．哈弗坎普說道。就算不是為了自己，也該替孩子們著想。我們需要 Niksen，他們又何嘗不需要？

東尼．克拉布也有同感，「孩子們把父母的行為看成判斷是非的社會性證明。如果孩子們看見父母整天滑手機，他們便會跟著這麼做。這就是角色形塑（role modeling）。」他解釋說。

首先，教孩子們自得其樂。

「任由他們晃來晃去，允許他們偷懶，別想解決他們的所有問題，給生命一個機會，就只是活著、信賴、安心。當他們不知該做什麼，他們就只是不知該做什麼，就這樣。」哈弗坎普說。

當然，這很難做到，有些評論者甚至會譴責我們輕忽了自己的孩子，但這絕非事實。我們甚至可以向我們的孩子學習，因為他們或許比我們更擅長Niksen。

「我兒子洗澡。他洗完澡，沒把衣服穿上，裹著浴巾坐在那兒唱了半小時的歌。這就是Niksen，對吧？」同為作家的米雪・哈奇森驚奇地說。如果你問我，我認為這個完全就是Niksen精神，所有人都可以向她兒子學習。

問題是，當孩子們真的這麼做，有多少做父母的會催促他們，要他們快點穿上衣服？

我知道，當你必須洗衣服、把洗碗機清空、準備晚餐和拖地板，卻看見孩子什麼都不做，真的很傷腦筋。但如果孩子們已經完成他們該做的，例如寫作業或清理房間，那就任由他們去吧，也讓自己可以喘一口氣。

一起無所事事

「當你把一個非常個人化的觀點應用到整個社會的範圍，我認為這或許是非常好的做法。」東尼．克拉布指的是Niksen。他在社交場合中無所事事的評論令我感到吃驚。「獲得大量關注的是個人：我和我的個人生產力。我的一個感想是，其實這是整個大局的一部分。」

當美好時刻被分享開來，它們會變得更加特別，克拉布說。他把這稱做「團聚的Niksen」，而這或許是「探索和他人在一起時真誠地無所事事究竟是什麼涵義的好方法」。

這讓我想起心理學家多琳．道金馬吉告訴我的一件事：她鼓勵大家舉行無聊派對，由主人邀請幾位朋友到家裡一起享受無聊。

每次談話總會有片刻的沉默，能夠在一起無所事事很重要，也是值得的。「就是能夠自在地和某人靜靜坐著不說話的概念……你們可以一起欣賞夕陽。」克拉布說。

對許多父母來說，為孩子朗讀或者陪他們玩是全世界最棒的事。對我來說，是擁抱。有時候，當我心情大好，我會問：「誰要抱抱？」幸運的話，三個孩子當中起碼有一個會樂於用他們的小手臂摟住我，抱我一下。

有時候，我會躺在地板上，什麼也不做，只是用手臂環抱著他們。光是他們又小又柔軟、氣味又好聞這點就很療癒。

很多人可能沒有小孩，但或許有像狗這樣適合擁抱的毛小孩。還有，當你的貓坐在你腿上，讓你什麼事都不能做，正好可以藉機做做 Niksen。

孩子們就寢後，我和丈夫經常會一起看電視影集。我常依偎在丈夫懷裡，因為他的身體柔軟又溫暖，而且總是用臂膀摟著我。我常覺得看影集是次要的，我只是想靠著他 Niksen 一下。

關注話題：平等分工

麗莎是美國人，和她的丈夫喬恩以及他們兩個分別是六歲和八歲的孩子住在瑞典。

他們說：家務分工已逐漸演變成「只要看到就去做」的形式，只有少數情況例外。

喬恩熱愛美食，時間久了，他發現雖然麗莎廚藝精湛，他們的餐桌卻沒什麼變化。「他喜歡嘗鮮，買各種香料，嘗試異國風味。當他吃著泰國咖哩椰汁飯，我卻只要淋了紅醬的義大利麵就滿足了。」她說，因此三餐都是由喬恩張羅。

夫妻兩人都積極參與孩子的學校活動，他們共同分擔接送孩子上學、放學的工作。

喬恩負責在早晨上班途中順道送他們到學校，麗莎負責接他們放學，而參加校外會議、舞會和課外活動的通常也是她。

他們之間並非一切都是五五分工的，但他們盡力讓家庭生活和工作取得平衡。

例如，由於麗莎是在家的自由工作者，不會有太多和朋友或同事間的日常交流。

喬恩和麗莎都知道，每天出門對他們的心理健康至關重要，因此喬恩經常調整自己的工作日程，以便提早回家，讓麗莎可以去參加每月的志工活動、和朋友共進晚餐，或進行其他型態的社交活動。

做為回報，麗莎讓喬恩保有私人空間，可以去參加大約每月一次的男人聚會，如此一來喬恩除了家庭和辦公室之外，也能享有些許空間。

在公共場所 Niksen

一般來說，我不認為公共場所適合進行 Niksen。畢竟，你出門總是有特定目的，要嘛為了活動一下，例如運動，要嘛就是到城裡新開的熱門餐館和朋友聚餐之類的社交活動。或者，也許你得送孩子去參加課外活動，或者參加瑜伽或陶藝課。很遺憾地，公共場所沒有毯子、舒適的扶手椅，尤其沒有沙發。但要記住，只要知道如何去找，公共空間其實為 Niksen 提供了不少機會。

運動，心中想著 Niksen

美國人會參加有氧飛輪課，荷蘭人則會騎上真正的單車；總之，運動在大西洋兩岸都很被看重。隨著我們的生活越來越常久坐不動，如果我們不想犧牲自己的健康和幸福，體能活動絕對是不可少的。但 Niksen 對我們的健康和福祉也同樣重要。

你不必每天都上健身房或參加瑜伽課，你也不必耗在那裡幾小時，以便獲得運動的益處。如果你需要健身，或只是喜歡花幾小時慢跑，請務必繼續做下去。世界衛生組織指南建議每天活動三十分鐘，每週五天。我認為這很合理。

但是，當你外出跑步、打網球或上有氧飛輪課，記得不時地偷塞一點 Niksen 時間。跑步時，我的目光放在遠方，心思隨意漫遊。「我常被周遭的美景震撼。」潘．摩爾說。她是一位指導對跑步感興趣的女性的作家。如果不知道在談跑步，我發誓我以為她說的是 Niksen。

你可以和摩爾一樣，選擇一種適合 Niksen 的運動，然後把 Niksen 納入你的健身計畫。她跑步時習慣把手機留在家裡，而且不聽音樂或音頻。「少數幾次這麼做時，我感覺和自己的呼吸與身體脫節，跑步的樂趣也減低了。」她說。

找個適合Niksen的嗜好

嗜好讓我們進入流動的心理狀態，幫助我們放鬆，讓我們能去做、去創造一些和工作或家庭勞務不相干的東西。Niksen恰恰符合這個定義。「我認為嗜好在生活中十分重要，因為它能讓我們暫時擺脫生活的林林總總。培養一些能讓你忘卻日常事務的嗜好。」瑪麗．韋迪克說。她很喜歡淡水水族箱，水族箱最初是為了她的孩子們而設置的，結果發揮了意想不到的功能。

「水族箱是一個出乎意料、複雜有序的世界，也是我照顧得來的。它遵守規則，很容易理解。在一個擠著三個孩子的混亂屋子裡，它讓人出奇地平靜。那種自我效能（self-efficacy）的感覺極其令人欣慰，就像慢慢地轉動刻度盤。」她告訴我。

「有些晚上，等孩子們上床睡覺，我會泡杯茶，關掉所有電燈，除了水族箱燈之外，然後靜靜地欣賞魚兒。看著看著，你會發現魚群有牠們的社會結構和地盤。」

此外，在得知自己有過度管理水族箱的傾向後，她退後一步，多觀察一點，少做一點，平衡感便又回來了。她說：「有時候，最好的做法就是什麼都不做。」我百分之百地贊同。

找個地方 Niksen 去

很多自由工作者喜歡在星巴克或其他咖啡館工作，因為在家裡很難專注。待洗的衣服在招手，水槽裡的碗盤瞪著你，你很難忽略它們的呼喚，埋頭工作。

Niksen 也是如此。儘管在思考哪裡可以放鬆時，我們總是直覺地想到家裡，但真相是，對許多人來說，家其實是會引發壓力的場所。

解決之道是：離開那裡。咖啡館是個坐下來喝杯熱咖啡或茶，吃個巧克力布朗尼或牛角酥的好地方。你會覺得較沒有負擔，因為有人負責你周遭環境的清潔工作，而且你在這些地方幾乎沒有任何責任。甚至有人跑來跑去，盡心盡力為你送上你喜歡的冷熱飲和甜鹹點心。

「那裡的咖啡館，尤其是我最喜歡的那家，有著說不完的優點。它坐落在海灘邊，兩層樓高，擁有無敵海景和新鮮空氣。」我的一位住在土耳其伊斯坦堡的作家朋友皮娜．塔罕說。皮娜患有注意力不足過動症（ADHD），很難好好坐下來做 Niksen。但即使是她，都能在她最愛的咖啡館裡一邊工作，一邊享受 Niksen 時光。

「我經常起身去拿咖啡，或者休息一下。看看人，靜靜聆聽。我也拍拍照片。有些時候我什麼也沒做，只是啜著咖啡。」她告訴我。她喜歡咖啡館以低音量播放輕音樂。她說：「光是處在一個沒有太多噪音、擁有漂亮視野的寧靜環境之中，便是一件極其舒暢而有益的事。」她說。

大自然也提供了許多絕佳的 Niksen 機會。到公園去，找張漂亮的長凳，或在草地上、樹下找個舒適的地方坐下。看著鳥兒飛過，瞧瞧公園裡那些出來遛狗的人們。留意樹木、天氣、松鼠和其他動物。

選擇戶外空間，像是公園或海邊，你可以得到額外的好處，畢竟到戶外走走非常有益身心。你可以把 Niksen 和日常散步或慢跑結合起來。記住，這件事無所謂對錯，只要不插電一下下就對了。

學會以兩種速度生活

東尼·克拉布年輕時經常和哥哥打桌球，而且以能夠快速發球自豪。

「有一天，我和一個身手同樣俐落的人比賽。」克拉布回憶。但這個人也懂得如何故意放慢球速。他輕輕鬆鬆擊敗了克拉布。「我認為我們必須學習有意識地調整節奏的藝術。」我覺得這是一個說明了從快到慢的換檔能幫助我們贏得勝利的絕佳例子，無論是字面上或比喻性的贏。

馬帝歐・布瓦斯貢提耶是一位研究不活動的物理治療師，他告訴我關於認知開關（cognitive switch）的事。他用它來激發人們變得更加積極活躍，但它對 Niksen 也有作用。

「想要坐著什麼也不做，我們需要認知。我們需要認知說出『現在我想鍛鍊身體，因為這對我的健康有好處。』有了認知，你才在某種情況下做出改變。」布瓦斯貢提耶解釋。

認知需要有意識的思考，「我們必須能決定自己要做什麼，而不只是順著我們的機械性習慣。人們必須能打開大腦開關，說：『不不不！我想多鍛鍊身體，我想走樓梯。』」布瓦斯貢提耶說。對於 Niksen 也一樣。「當你同時有一百件事情要忙，又是推特，又是電郵，還得工作。你必須能啟動開關然後說，我的工作效能減低了，我得休息一小時。之後我就會繼續工作的。

忙到某個程度，你需要這個開關來轉換一下情境，這就是認知。」他解釋說。

另一方面，我不是在提倡慢活（儘管很多人喜歡）。忙碌的生活也可以很充實、快樂，但有時候我們需要有意識地放慢速度。除非你嘗試去做，不然你無法知道 Niksen 是不是適合你。「追求幸福是一個不斷嘗試和犯錯的過程；想辦法 Niksen 一下，看自己是否喜歡。」魯特・溫霍芬建議。

關注話題：兩種 Niksen 的方式

我發現，如果想要有多一點時間來做 Niksen，你有兩種選擇：

一、事先規劃

第一種入門方法是，為了什麼都不做這個特定目的，規劃大量時間。想想看，你騰出時間去健身房或工作，或者和家人相聚，這些確實很重要。但不知何故，在責任和義務的漩渦中，我們忘了為自己安排什麼都不做的時間。從一個活動奔向另一個活動，整天忙得團團轉。

如果這是你，該問一下自己，「喂，慢著，我這是在做什麼？」

該是把你的 Niksen 時間列為重大事項的時候了，你的心理、身體健康很重要，而 Niksen 能促進這兩者。

該是自覺地選擇 Niksen 的時候了，有時這也意謂著，你必須安排 Niksen 來取代其他看來更刺激有趣、更重要的活動。《如何「無所事事」：一種對注意力經濟的抵抗》作者珍妮．奧德爾稱之為 NOMO，錯過的必要性（Necessity of Missing Out）。你可以把 Niksen 排入你的行程，或者更進一步，像蘿拉．范德康在《要忙，就忙得有意義》一書中建議的，在行程中留點空白。這將讓你在其他約會中表現更出色，卻不會讓你累垮。

二、出門去尋找

除了為 Niksen 安排時間，另一種選擇是積極尋找日常生活中的 Niksen 機會。想想每當你習慣性地抓起手機，在推特發文或其他社群網站上瀏覽網頁的那些情況。當你開始透過帶有 Niksen 色彩的眼鏡看世界，你自然會找到很多做 Niksen 的機會，例如在等人或休息的時候。

「如果你有十分鐘空檔，或者正在等孩子從學校或遊戲場回來，你可以凝視天空，而不是拿出手機來滑消磨時間。看看雲朵，聞聞咖啡香，任由思緒遊蕩。」珊蒂．曼恩說。

曼恩喜歡利用通勤時間做 Niksen，她告訴我，她不打開車上的收音機，好讓思緒可以無拘無束地漫遊。我們應該抓住每個機會來做 Niksen，她說：「在超市排隊時，不要拿出手機，看看周遭，做一下白日夢。」

根據你的行程作息、需求和個性，選擇你最喜歡的 Niksen 方式。

總結

本章討論了如何將 Niksen 引入生活的各個重要領域：工作、家庭和公共空間，以及一些想法，包括特意地休息、重新定義生產力、對抗效能壓力。在家裡，家務應當是所有家庭成員的責任，如此一來每個人都能享有 Niksen 時光，擁有 Niksen 空間，例如一個讓你可以輕鬆坐下來的小角落。至於在公共空間，你可以找個易於和 Niksen 結合的嗜好，或者在運動時心中想著

Niksen。你可以選擇適合自己個性和個人情況的方式進行Niksen。太好了！但Niksen一定有用嗎？

Niksen一下

❶ 你可以採取哪些步驟，把Niksen帶入你的生活？

❷ 本章討論的生活領域當中，有哪些領域是你在實際生活中需要多做一些Niksen的？

❸ 你認為什麼時候該加快速度或者慢下來？

Chapter 6

萬一 Niksen 不適合你

我又躺在沙發上，好奇想著：Niksen 很棒，我很喜歡，但它是否對每個人都有用？很有可能不是。我能想到在某些情況下，Niksen 會是個糟糕透頂的點子。那麼，我們怎麼知道 Niksen 什麼時候有用，什麼時候沒有？

還是一樣，請你想想以下三種情境：

一、我坐在沙發上，我陷在抱枕堆裡，什麼也不想做。我並不是剛剛健身或工作完，也不是在陪伴孩子們。待洗的衣服堆積如山，晚餐不會自動上桌，而且我吃了好多巧克力。我已經太久不曾和我丈夫以外的成年人說話。我感覺毫無樂趣可言，我想我可能患了憂鬱症。我累了，但這不是我平常用來讓自己恢復元氣的美妙 Niksen 時刻。這是其他的東西。

二、我一樣坐在沙發上，我很開心，隨時可以開始工作。我覺得任何事情都難不倒我！我感覺工作充滿挑戰性，而且大約半小時後我還得趕去見一個朋友。我在想我是不是不該繼續做 Niksen 了？我是不是又陷入了活動和忙碌的漩渦？我很清楚這是怎麼回事。某天，我見了一個朋友，執行了一項任務，還有許多時間可以 Niksen 一下。第二天，我做了同樣的事，加上照顧一個生病的孩子，緊急解決一大堆問題等等。最後我放棄了活動，因為我應付不來。此刻我覺得精神奕奕，這種程度的忙碌正適合我。可是明天呢？我應付得來嗎？

三、我坐在沙發上，依然有一大堆工作要做。以前有，現在有，以後也一直會有的待洗衣物，還有房子要清理，有孩子要撫養，有晚餐要做。但我只希望有人幫我處理好這一切，讓我可以整天坐在沙發上無所事事。要是有人來完成這一切就好了，這豈不是太美妙了？沒有責任，沒有義務，無所事事，真希望有人來替我做這些工作。

你認為 Niksen 會是以上哪一種情況的最佳解決方案？答案是：都不是。

為何 Niksen 可能並不適用於所有人

「等一下，」當我告訴丈夫本章的內容，他說：「我以為妳的書是主張 Niksen 的？」

「它是啊，」我回答：「不過是有條件的。」

Niksen 可能對你無效，不管你有多努力。而且在某些情況下，它或許不是你該採取的方法，儘管過去它很有用，或者未來也適用。

「有些人天生充滿幹勁，他們喜歡動個不停。」葛瑞琴．魯賓告訴我。「他們就是閒不下來。他們自然而然會想做點什麼，例如一下子玩拼圖，一下子拿起針線來編織。或者他們會一口氣追好幾集《權力遊戲》影集。他們或許覺得自己在研究東西，但在別人看來這不過是偷懶。」

如果你讀過並且相信大多數健康書籍和文章，你應該會發現很多人都主張，世上只有一條通往幸福的路，那就是他們自己的路。這話再真實不過了。

「創造力沒有捷徑，幸福沒有捷徑。到頭來我們都得靠自己檢視自己的人生。假設你認為人際關係對你很重要，那麼你如何以一種適合你的方式來經營人際關係？這完全是因人而異的。」葛瑞琴．魯賓解釋說。

為何文化因素很重要

顯然，文化、政治和經濟環境會影響我們撫養孩子的方式。德普克和齊利博提在他們合著的《愛、金錢與親職教育：經濟如何闡明我們的育兒之道》

一書中主張，我們養育孩子的方式實際上取決於我們的經濟狀況或者所處的文化。可想而知，這些條件不僅影響我們的育兒之道，可能也會影響我們的休閒、表達快樂或消磨時間的方式。

有時候，不管你怎麼做，流行健康法都起不了作用，因為它們深深根植於發源的文化。

這正是少了文化這種廣義上的支持，Niksen 就起不了作用的原因。文化有很多定義，但我最喜歡的一種是「我們這裡的做事方式」。進一步說：文化是一群人共同接受的一種生活方式、行為、信仰、價值觀和標誌符號，而這些通常是不經過思考的，而是透過溝通和模仿代代相傳。

如同我在引言中提過的，在挪威住過一段時間的心理學研究者卡麗・萊伯維茲認為，我們太關注文化的個人層面。

健康書籍和觀點有可能引發高於個人層面的改變。福利制度良好的國家有許多範例可以向美國人展示福利社會的樣貌，並且鼓舞領導階層做出改變。他們只要自問：「我能拿出什麼方法來改變這裡的文化？如果我有員工，我能否試著讓新價值觀常態化，來讓他們受益？」伊琳娜・杜米特雷斯庫提議。

和本書中出現的許多專家一樣，杜米特雷斯庫認為，大量的健康和育兒建議都把重點放在個人以及他們（可以或應該）做出的選擇上，是非常有問題的，她甚至直指這是一種錯誤。「如果你周遭沒有某種體系支撐，你是無法改變自己的生活的。在德國，當我生病了想到公司上班，我的同事們會訓斥我一頓。」她說：「德國人必要時就會請病假，而這也使得我能夠這麼做。」在許多文化中，能夠去上班就表示你狀態良好，就算生病了也一樣。例如美國，對待生病員工就不如許多歐洲國家來得寬容。

這也是為什麼，就像萊伯維茲說的，「從別的文化學一點皮毛很容易，但不可能完全做到。」她很清楚，我們永遠可以向其他文化學習，但「你永遠不可能百分之百學會另一種文化，因為它根植於那個特定的環境。例如，在一個沒有遊民問題、沒人會在街上凍死的國家，要愛上冬天是很容易的。」她說的是她在挪威北部生活的經驗。

不同文化對於何謂得體行為也有不同看法，美國人往往比包括荷蘭人在內的許多歐洲人更重視高度激發的正向情緒。「美國人真的很喜歡興奮、喜悅和好心情。他們希望以一種開朗的方式擁有好心情。」她解釋說。把Nikisen或hygge引入這種文化可能很難。「你可以嘗試把這種歐洲的安適觀念植入美國的環境，但這種觀念能不能扎根在一個把奔波忙碌和興奮看成好心情同義字的地方？」

「一個外來觀念的蓬勃發展，需要更廣大的文化思維模式的配合。」萊伯維茲說。在個人層面上，改變來得相對快速，改變自己的行為比改變整個文化容易多了。此外，外來流行趨勢的普及可能還有一個潛伏的因素。根據萊伯維茲的說法，組織、人民和權力機構不見得想要改變，於是建議從其他國家去尋找解決方案，把改變的責任推給個人。

萊伯維茲告訴我：「我認為，當這些外來文化概念被當作OK繃使用，做為良好基礎設施或支持性團體的替代品，問題就來了。」健康新潮流不應該是基礎設施或團體支持的替代物。它們很有用，但必須要採用它們的文化環境能夠配合才行。

舉個例來說，她指出，在美國，人們會因為工作排程太滿，沒辦法追隨這些新潮流而感到內疚。在美國，「你絕不可能說，冬天到了，我要多睡一會兒再去工作。」當地文化不允許這麼做。

葛雷琴．魯賓也認為，並非一切健康新潮流都適用於所有環境。但是她說：「有很多不同方法總是好的，因為萬一有些方法行不通，那麼，問題不在你，改嘗試清單上的下一個方法就是了。機會多得很！」她堅信通往幸福和美好生活的道路絕對不只一條。我也這麼認為。

找到適合自己的工具

Niksen 不僅受到我們所屬文化的影響，還受到我們個性的影響。Niksen 在每個人身上的作用不會是完全一樣的。例如，魯賓喜歡利用 Niksen 來阻止自己的拖延習慣，但這對其他人或許根本起不了作用。

她解釋說：「如果你是一個擁有豐富內心世界、可以隨時沉浸其中的人，那麼這對你來說是沒有用的，因為你可以輕易花三小時沉浸在自己的思緒中。」當我聽她這麼說，我默認自己確實就是這種人。

Niksen 是「適合某一類具有某一種思維的人使用的工具。如果它對你沒有作用，那麼你就得另外找個不一樣的解決方案。」她告訴我。

Niksen 這種工具，你可以經常使用，隨時備用，或者完全捨棄，因為你不需要它或者它對你似乎沒什麼用處。決定在你。

即使是生產力專家，都可能對 Niksen 沒轍，所以你不是唯一遇上問題的。「我很難專注，休息偷懶的罪惡感纏繞著我。我認為假裝沒事的人都是騙人的。最讓我惱火的是那些老裝出一副很有效率的樣子的生產力專家，或者假裝幸福得不得了的幸福專家。」生產力專家克里斯・貝利說。所以，我必須向你坦承，我這個 Niksen 專家也有對 Niksen 沒轍的時候。

如果……別做 Niksen

就像其他健康新潮流，Niksen 可能並不適合所有人。此外，我的研究顯示，在某些情況下，Niksen 真的不是一種好的對策。所以，如果你發現自己處在以下的狀況之下，請考慮採取別的健康法。

你很沮喪

患有抑鬱症的人往往欠缺活力，連起床都很困難。對某些人來說，Niksen 只會帶來反效果。

當克莉絲蒂・威爾森在女兒死後陷入抑鬱，「每個人都叫我做點什麼，其實我只想躺在床上睡覺。」儘管如此，她和丈夫還是從他們居住的美國到歐洲探望她的妹妹。「雖然我們很慶幸能離開這裡，在臉上堆出假笑，但我們內心既悲傷又絕望。」她說。

但是她在抑鬱期間從不靜靜坐著。她說：「走出去，參與一些事情，給了我生活的目標感，有了創造生活、尋找自我認同的動力。」她認為當時 Niksen 對她不會有幫助。

如今克莉絲蒂是三個孩子（在天堂還有一個）的母親，有機會時也能享受 Niksen 時光。但她承認「需要不斷忙碌和活動，來讓自己從抑鬱中解脫出來，這也讓我更懂得珍惜什麼都不做的可貴。當沮喪來襲，你很想找個洞鑽進去的時候，第一步要問自己，究竟是什麼生活重擔壓在你肩上？下一步是起身，活動一下、健身、當志工、和朋友聚會（就算必須裝出一臉假笑）、全心投入。」她建議說。

卡洛琳．海明在她的壓力管理中心協助一些有壓力、過勞的人，方法倒不一定是教他們什麼都不做。相反地，她把重點放在對身體有益的緩慢動作和呼吸練習。研究顯示，健康、平靜的身體會影響精神狀態，能讓它跟著平靜下來。

「Niksen 對過勞的人不會有用。你的心跳太快了，而且煩躁不安，」海明解釋說：「你需要的是重新調整你的身體。」

她把 Niksen 看成一種預防倦怠，而不是治療倦怠的方式。「Niksen 適合那些身體健康但生活忙碌的人。它能幫助他們意識到，不必老是動個不停。但一旦情況嚴重失衡，Niksen 並不是好的對策。」

所以，如果你患有抑鬱症，或是處在身心耗弱狀態，也許 Niksen 不是個好方法。她解釋說：「還不如玩玩剪貼簿，或者讓身體保持活動。」

當它可能為你帶來麻煩

也許你任職於一個經常受到監視的工作崗位，在這種情況下，什麼都不做可能會對你產生嚴重影響。你得冒著遭到訓斥，甚至被解雇的風險。如果你需要付房租，還得養家活口，這麼做太不划算了。

如果在工作中不活動會產生嚴重後果，還是別白白賠上一切（說真的）比較好。

也許你從書上看了 Niksen 的許多好處，真心希望能讓它融入自己的生活，卻不能這麼做。如果是這樣，別擔心。如果目前對你不適合，沒關係。有時 Niksen 真的不是好的選擇，認知到這點很重要。

卡麗．萊伯維茲指出：「如果你是一個身兼三份工作卻仍然養不活孩子的人，那麼去做按摩對你來說太不切實際，而且對你的生活毫無幫助。」

如果你正忙於一項和工作相關、而且關係到他人生計的計畫，那就全心去做吧。雖說你巴不得能花點時間做 Niksen 來防止過勞，但有時候真的必須把工作擺在第一位。一旦工作完成，你就可以盡情 Niksen 了，但現在，埋頭做你該做的事。

總是會有工作變多、壓力增加、孩子生病或者生活重點轉移的時候。生活本就如此，有時候就是抽不出時間來做 Niksen。這也無所謂，總是可以之後再做。

當你的生活毫無問題

你可曾帶著搞不清楚的病痛去找醫生，希望得到明確的診斷，卻被告知你什麼毛病都沒有？有時候是因為醫生疏忽了某種疾病的重要警訊。

但事情往往是，你真的是什麼毛病都沒有。

有時我會閱讀自我成長書或者親職教育書，希望它能幫助我找到更好的育兒或生活方式。結果發現，其實我什麼都不需要改變，我的育兒技巧和生活都好得很。不完美，但夠好了。

你對 Niksen 或許也有同樣的感覺，如果是這樣的話，那就太好了，因為這表示你很滿意自己的生活現況，不希望改變它。我為你感到高興，恭喜你，因為你或許已經找到可以擺脫壓力和挑戰的幸福生活方法。

即使你工作壓力很大，即使你有時也會對忙碌的日常生活感到倦怠或力不從心，我相信你可以找到其他方式，以更活躍的方式來處理壓力，太好了。

你的忙碌和壓力都是個人經歷，也就是說看起來輕鬆愜意的生活，在別人眼中可能是無聊的寫照；而對你而言刺激精采的生活，可能會讓別人覺得害怕而難以承受。

如果你很清楚你的生活有壓力，但你自己應付得來，而且覺得生活既充實且快樂，那麼 Niksen 大概不適合你。借用魯特．溫霍芬的話：「沒病就別吃藥。」

關注話題：心流經驗

匈牙利裔美國心理學家米哈里．契克森米哈伊在他的知名著作《心流：高手都在研究的最優體驗心理學》中描述了一種他稱之為「心流」（Flow），發生在當人從事某種有意義活動時的體驗。想像一個音樂家完全投入他的音樂，或者一個畫家凝神作畫以致忘了時間。

心流狀態包括幾個要素：對當下時刻的全神貫注，行動與意識的融合，反思性自我意識的喪失，個人對於情境或活動的掌控或作用力，時間經驗的扭曲，個人對時間的主觀體驗起了變化，以及一種本質上有益的活動體驗。

能產生心流的活動具有界定明確的準則，能提供即時反饋，而且能讓當事人在自我挑戰的同時發揮技能。「由於它們的構成方式，它們能讓當事人和觀賞者進入一種極為愉悅的平和心理狀態。」契克森米哈伊在書中寫道。

球賽、運動和演奏樂器是可以誘發心流狀態的幾種活動。就像寫作這類動腦工作，技藝、烹飪和其他手工藝同樣可以帶來心流體驗。總之，活動既不能太難（可能會引起挫敗感），也不能太容易（可能會變得乏味）。

一個有利於心流的文化會提供豐富的心流活動選擇，以及有意義的工作機會，加上充足的休閒時間，讓人可以去追求任何他熱愛的事物。

荷蘭是不是一個有利於心流文化的國家？我相信是的。事實上，契克森米哈伊舉出這個國家做為正面例子。此外，荷蘭人所做的許多事情，都極為適合誘發心流，像是從事運動、騎單車上班和參加溫馨愉悅的朋友聚會。

如果這比 Niksen 更吸引你，就去做吧，拿起畫筆。最棒的是：事實證明，心流經歷會讓人快樂。

你該用什麼取代 Niksen？

不久前我到商店去為我的二女兒買聖誕禮物，她想要一只皮夾，我想「沒問題！」可是店裡的皮夾不是太大就是太貴，要不然就是太醜，都不是我想送給女兒的。

當我找到店員，把我的問題告訴他，他看了下四周，說：「我們就只有這些了。」就這樣，他們的商品引不起我的興趣，他也看到了。但他並沒有試著讓我對其他皮夾產生興趣，而是說：「妳到別的商店去看看吧！」

我很吃驚，但這完全說得過去。他很快了解到他的商店在當時沒有我要的東西，因此他要我到其他地方去找找。他甚至應我的要求，給了我幾個可能有兒童皮夾的商店的名字。而在他提供的最後一家商店，我找到了一只有著彩虹顏色的皮夾。我女兒非常喜歡，到現在都（還）沒把它搞丟。

如果你覺得 Niksen 不適合你，我建議你先試試以下幾種選擇，看它們是否幫得上你。

動起來！

如果你原本就習慣整天待在沙發上，那麼 Niksen 不會給你帶來任何好處。如果你從早到晚坐在辦公桌前，也許回家後的第一件事不是換上睡衣，繼續坐著，而是穿上運動服，到健身房或者去慢跑。活動一下，不然就起來洗衣服。

實際上，坐著不動對健康非常不利，所以千萬別坐太久。

做一點運動能幫助你紓解身體的若干壓力，讓頭腦清晰，擺脫煩惱，有時候真的是這樣。

找一種適合自己的運動，跑步教練潘・摩爾說：「我從小就不擅長運動。我害怕所有跟球有關的運動，無論哪支球隊遴選我都是吊車尾。我怕死了體育課。」可是當她遇上袋棍球這種運動，她發現到她真的很愛跑步。

活動也不是非要運動不可，離開椅子，走出去就是了。和朋友見面，參加和工作有關的活動，或者去劇院看一齣新的舞臺劇。

獨自坐在家裡會讓人感覺孤立，對那些比較外向的人尤其如此。社交關係對我們的身心健康是有益的。

體能運動或外出走動非常適合 Niksen，記得吧？荷蘭人很重視平衡，他們能把各式各樣的活動排入繁忙的日程。不僅如此，保持活躍、和他人接觸也能讓你更樂於回家然後放鬆，花點時間靜靜獨處，什麼都不做。因此，所有健身和社交活動實際上可以增加你的 Niksen 時間。

工作吧！

工作或許是我們感到壓力的一個主因，但工作也讓我們感到充實、快樂、有成就感。它給了我們可以去做自己想做的事情的必要工具（即金錢）。所以，或許金錢無法令我們更快樂，但它可以用在那些可以令我們感到快樂的事物上。「如果你有錢，用它來買經驗。」魯特．溫霍芬建議。

我們當中有許多人長時間工作，不是因為逼不得已，而是因為我們想要工作。

儘管做為自由撰稿人，生活中有許多陷阱和壓力要面對，但我熱愛我的工作，而且自認很擅長。如果我不喜歡寫文章，為什麼要花幾小時蒐集資料、自我推銷和寫稿？在理想情況下，我們做某樣工作是因為我們不想做別的。就這麼簡單。

「那些能夠在工作中幫助、激勵他人的人，通常比較快樂。」艾普・狄克思特修斯說。

對許多人來說，養兒育女是一項不折不扣的工作。儘管照料孩子的種種需求十分困難、費時而且極具挑戰性，但幾乎所有父母都會同意，它的回報往往也難以估計。所以，如果你願意或者他們需要你，就多花點時間和他們在一起。開始為人父母吧！如果你的孩子需要你，你不會想要閒著沒事的。

家裡可能還有別的工作是你喜歡的，比如烹飪。我不介意花幾小時在廚房裡調理美味的餐點。如果你也一樣，那麼你不必因為我建議你採行 Niksen 就把它擱置了。

關心政治

在這個氣候變遷加劇、政治動盪的時期，也許正是積極參與政治和環保活動的絕佳時機。雖然 Niksen 讓我們可以順理成章地休息（激進活動很累人的），但許多人會同意，現在是多做、而非少做的時候。

「我們覺得，為我們的社區帶來改變的最有效做法就是捲起袖子，把我們的時間和才能奉獻給一位創變者（change maker）。」住在美國路易斯安那州巴頓魯治的兩位作家，霍布斯和海沃斯說。她們認為應該要有更多女性進入政府機關，因此決定把自己的時間和社群媒體管理技能投注在推舉、宣揚一位女性候選人的工作上。

找個你關心的社會議題然後開始投入，加入某個慈善機構，參與抗議氣候變化的示威遊行，或者努力把你的家變成一個更環保的生活空間。我經常寫一些我特別感興趣的議題，例如對移民、婦女和少數族群的歧視，以及其他社會話題，即使這會導致其他更賺錢的寫作計畫時間減少。我或許不會因此賺大錢，但做這類工作能帶來極大滿足感，更別提它的重要性了。

「你總能找到適合自己生活型態的志工工作，每個人都擁有可以為改革做出貢獻的才能。」海沃斯和霍布斯告訴我。「如果你很有親和力，可以負責打電話給銀行或勸募。如果你不是，但有一小時的空閒，可以幫忙裝信封或填寫明信片。競選活動需要的不只是政治人才。」她們說。

伸手助人

有時候排隊等著結帳，我不會做 Niksen，而是掃描著隊伍，看是否有人需要幫助。那位正吃力地彎腰想把東西從購物籃拿出來的老太太，幫她拿東西對我一點都不是問題。或者那個帶著小孩的母親，那孩子看起來似乎已經到了崩潰邊緣。我可以等，讓她在我前面結帳，因為我的孩子比較大而且在學校。人們可能不想開口請人幫助，但是當別人伸出援手，他們往往會得體而感激地接受。所以，多留意這點。

如果你有時間的話，不妨考慮為一種理想目標擔任志工。想想「我能做什麼？」晚一點再做 Niksen。研究顯示，幫助他人帶給我們快樂，因為它能啟動大腦的愉悅中樞。社交和利他能讓我們更快樂，因為我們天生就喜歡和他人建立聯繫。而志工服務兼顧了這兩個原則，幫助他人以及和他人建立聯繫，我們的善行會回到我們身上，使我們更快樂。

事實證明，比起非志工，擔任志工的人抑鬱程度較低，生活滿意度較高。所以，沒錯，Niksen 能讓你更快樂，但志工工作也是。

另一個助人的方法是為別人保留空間，儘管這不全然是Niksen，但有時候它確實就只是坐在那裡無所事事。坐著時，你實際上是在傾聽別人的心聲，陪伴對方，而這或許相當困難，因為你可能很想說點什麼，或提供一點意見。然而你只要靜靜坐著聆聽就夠了，我丈夫把這叫做動態的Niksen（active niksen）。

做點不一樣的事

一位校友告訴我，以前她每天都有課外活動，包括鋼琴課、騎馬和擊劍。當我對她的健康表達關心，她說：「當時我的成績好得不得了。」

事實上我頗有同感，我以前每天都上騎馬課，跳社交舞，在家練瑜伽，從來不會覺得忙不過來，而且那段期間在校成績表現不錯。

在《深度數位大掃除：三分飽連線方案，在喧囂世界過專注人生》一書中，卡爾．紐波特非常明確地說：「什麼都不做被高估了。」相反地，他建議，暫時離開螢幕休息時，用雙手做點什麼。這有點像東尼．克拉布在《忙碌：如何在過度富裕的世界中茁壯成長》一書中的建議：就只是做點和之前不一樣的事。例如，如果你一直坐著，就站起來活動一下。如果你正在做動腦的工作，就動手做點東西。如果你做得很快，就放慢一點。

我的物理學者父親自學烹飪，「我坐在扶手椅上，花數小時寫方程式，」有一次他告訴我：「我犯了個錯誤，幾小時的努力就這麼泡湯。」烹飪就不同了，這正是為什麼他喜歡做菜。如果你不擅長作畫，或者對陶藝不感興趣，何不試試烹飪？

業餘愛好是可以讓你的一天更充實，同時幫助你擺脫工作繁忙的絕佳選擇。它們往往能營造一種美妙的流動感，甚至能讓你培養一、兩種技能。

自娛

我們花那麼多時間在社群媒體上，不只因為它們是專門為了讓你緊盯螢幕而設計，也因為我們從中得到了一些東西。

我們在Facebook（或推特、Pinterest、Reddit、Goodreads和Netflix）網站上尋找人脈和工作機會，或者搜索有趣的文章來閱讀，或者為我們的晚餐找靈感。這不是犯罪，所以別把它當犯罪一樣地看待。

有時我不想一個人胡思亂想，寧可看看影片或看書，也不想做Niksen。想要偶爾遁入幻想世界是正常的，我就常這麼做。當我丈夫工作一整天回到家，我們喜歡一起看電視節目。我唯一的建議是，我們必須意識到Netflix和Niksen之間的差異。

窩在電視機前不是無所事事，而是在看電視。認清它，承認它，當你這麼做時，要清楚為什麼。

「老實說，我最愛的莫過於在旅行一個月之後，回到家，點一隻奶油雞，坐在沙發上狂看Netflix節目。但是當我這麼做，我是有意的。我打算看幾集？我想吃什麼？當我懷着這樣的意圖在Netflix網站狂追一個節目，罪惡感就消失了。我選擇自己所做的事，並且堅持到底。」克里斯．貝利說。

所以，選定你的娛樂方式，然後盡情享受。

如何哄騙你的大腦做Niksen

有些人覺得無所事事很難，寧可找個活動來讓自己的手和腦保持忙碌。

如果你也是，我有個解決方案提供給你。它帶有一丁點欺瞞的味道，簡單而又容易變通。以下是幾個提議：

聽音樂

有時當我必須工作或集中精神，我必須讓我的大腦保持忙碌，免得它妨礙我的工作。我發現聽音樂的效果奇佳。

聽音樂能對身心健康產生有益的影響，讓你平靜下來，也可以給予你必要的精力，讓你能起身去工作。當你聽音樂時，你可以哄騙自己相信你正在做什麼，而實際上你幾乎什麼都沒做。所以我喜歡把這叫做善意的欺騙。

「音樂，」契克森米哈伊在《心流》一書中寫道：「能把處理它的大腦組織起來，因而降低了精神熵（psychic entropy）。」精神熵是一種心理狀態，最初由榮格提出，後來由契克森米哈伊加以討論。它的特徵是不斷環繞著負面思維模式打轉，使得人處理外在任務甚至內部反思的能力降低。我們都了解這種感覺：覺得身心疲憊、焦慮不堪或陷入極度憂慮，卻無法什麼都不做，停下來休息。契克森米哈伊認為，音樂是最佳解藥。

當然，你可以一邊聽一邊跟著唱。但如果你已經熟記歌詞，何不聽聽別人的歌聲，和其他較不明顯的樂器聲，試著跟隨它們的旋律？

或者試試我的一個朋友的建議：「當我努力集中心神，有時甚至能分別聽到每一種樂器的聲音。」

試著把小提琴和大提琴分開，把小喇叭和薩克斯風分開，把長笛和雙簧管分開。用這方式聆聽會讓你的大腦進入一種 Niksen 狀態，你或許會發現自己放開了平日的煩憂。

創作一點東西

幾年前，成人著色書蔚為流行。各種專家極力宣揚著色的好處，說它對我們的心理健康極有好處，能讓我們專注於一種簡單但有意義的活動，同時又能讓思緒漫遊一下。

事實證明，當你能讓自己的注意力從平日的雜念轉移開來，你就輕鬆了。也許這是為什麼那麼多人喜歡編織；甚至有報導說，棒針的咔嗒咔嗒聲很能讓人放鬆，有助於思緒的自在遨遊。Niksen 不就這麼回事？

不管是烹飪、畫畫、用鉤針編織還是玩剪貼簿都好。重要的是，用一種不太花腦筋的方式讓自己暫時擺脫現實生活中的忙碌，以便在做的同時獲取Niksen的好處。像著色或編織之類的重複性活動效果最好，但每個人都應該找到最令自己感到自在的方式。

「只占用一小部分認知負荷的活動，可以讓大腦的其他部分得到釋放。大腦的使用程度剛好足夠讓你不至於覺得無聊。一種好的活動是，你必須付出一點注意力，但又不會太過刺激。著色或編織效果很不錯。」研究無聊的益處的英國心理學者珊蒂．曼恩解釋說。

一個額外的好處是，當我們藉由創造一些可以觸摸、欣賞的有形而美麗的東西來分散自己的注意力的同時，我們的自尊也獲得了提升。

嬉戲

我可以連續幾小時盯著看軌道彈珠滾動和骨牌倒下，那些緩慢、穩定、重複的動作當中有種極其撫慰人心的東西。但是像小孩那樣玩耍的成年人往往不被認可，社會會訓斥這個愛玩的成年人「別玩了，你已經不是小孩子了。」唯有競爭遊戲是被允許的。

如同休息，玩耍和嬉鬧對我們的健康也很重要。它們也帶點淘氣、叛逆的味道，在這層意義上，和 Niksen 沒有兩樣。

玩耍應該在沒有特定意圖的情況下進行，我們玩耍不是為了讓自己心情好一點，或者更能創造性地思考。那叫謀略，不是玩耍。玩耍始於好奇，在意想不到的地方結束，但幸福感和創造力都增加了。

心理學者多琳．道金馬吉鼓勵她的客戶使用魔法動力沙或壓力球之類的玩具，這些東西能在我們思緒漫遊的同時，讓我們的雙手保持忙碌。很多人在觸摸、擠壓玩具（壓力球的效用就在此）時會感覺更平靜，而且這也有助於紓解壓力和焦慮。樂高公司已看到這方面的潛力，開始製造針對成人市場的積木玩具。最近，人們對遊戲越來越感興趣。不只是電玩，還包括傳統棋盤遊戲。玩耍不一定需要玩具，你可以嘗試一些動腦小遊戲。自己發明，這種東西沒有規則可循。當我面對某個乏味的任務，比如在遊戲場看著孩子時，經常這麼做，在腦子裡玩遊戲。默默計秒，試著數到五分鐘。在這當中我只會匆匆瞄一下手機，看我的計時是否準確。通常是正確的，不過有時太快，有時又太慢。但是無所謂，這只是一個用來讓自己有事做的小遊戲，並非想達成什麼目標。

當你這麼做時，會感覺時間過得快一些，也不會那麼無聊，而且經常想出許多新點子。遊戲能讓我的大腦進入靈敏、充滿創意的狀態。

如果你很無聊，就把你正在做的事轉化成遊戲吧，就像孩子們常做的。如果你想 Niksen 一下，也可以利用它來進行遊戲。你能做幾分鐘？五分鐘？很好，做個十分鐘看看！你可以握著壓力球靜靜坐著？太棒了，但是沒握壓力球你還能坐著不動嗎？帶著玩心挑戰自己吧。

散步去

荷蘭管理學者曼弗雷德．凱茲．德．弗里斯告訴我，他喜歡利用工作休息時間出去散散步。這能讓他更專注，讓他心情平靜。公園是他最愛去的地方，但還有許多別的地方是他樂於漫步其中的。

周遭環境並不重要，令人平靜的是他的步伐的重複性動作和節奏感。

你可以在任何地方散步，包括都市。許多歌曲和詩提到漫遊者

（flaneur），一個在巴黎到處遊走的人，沒有特定目標，只是漫步，看看人群，欣賞建築物。儘管我喜歡都會環境，但在大自然中散步更好，也更有益處。

我許多很棒的點子都是和家人在沙丘或樹林中散步當中產生的。

騎上單車

在荷蘭，人們騎單車不只是為了樂趣或健康因素。在那裡，單車是一種正式的交通工具，能快速有效地把人們從A地帶到B地。它在荷蘭就跟汽車在美國同等重要。

但也由於荷蘭人已和這種雙輪工具合而為一，他們根本不覺得騎單車是一件費力的事。因為太習慣騎單車了，他們可以一邊腳踩著踏板，一邊讓思緒漫遊。

如果你曾經是單車賽手，或者把騎單車當成一項運動，試著放慢速度，別煩惱自己騎了多少里程數，或者消耗了多少卡路里。只要一路往前移動，任由思緒遨遊。

聆聽自己的身體

多琳．道金馬吉提出一種被稱為「接地氣」（grounding）的技巧，包括專注在自己的五種感官，讓你離開大腦，進入身體。看來像Niksen，其實不是，它甚至會讓人有一種進入正念狀態（being mindful）的感覺。

「皮膚上的空氣感覺如何？我的身體重量在這椅子上的感覺如何？我聞到什麼氣味？不是創造一個瞬間，而是讓自己充分專注於當下。」道金馬吉解釋說。

有時候，我不做Niksen，而是問自己：「在這當下的時刻，我有什麼感覺？」然後試著掃描自己的身體尋找答案。我餓嗎？渴嗎？熱嗎？冷嗎？這很重要，因為它能讓我在又氣又餓（hangry）的時候避免整個崩潰。也許你不熟悉hangry這個字，它是「hungry」和「angry」的組合詞。你可曾氣到想殺人，但吃了一個披薩之後感覺就好多了？這就是hangry。

傾聽身體的聲音可以讓我們產生內感受（interoception），通過這個過程，我們的大腦或心可以理解身體發出的訊號。目前已知，中斷的內感受在人的情緒和焦慮障礙中起了一定的作用。所以，花點時間坐下來了解身體的訊號，是一種消磨時間的極佳方式。如果 Niksen 不適合你，也許這是個好方法。

總結

當我問葛瑞琴·魯賓，為什麼大多數健康新趨勢都那麼僵硬？她說：「如果只有一種方法而我們想出來了，那麼我們的問題就全都解決了。人們只想要一個解答。他們希望有人來告訴他們，每週到大自然中待上兩小時，深呼吸八次，就這樣。但你知道，這也許有效，也許無效。人們覺得，如果能得到一個非常清晰的藍圖，事情會簡單得多，然而在現實生活中，模糊空間是很大的。」

在本章中，你了解 Niksen 不適用的若干情況，以及該怎麼對應。例如，如果你患有抑鬱症，那麼比較有益的做法應該是慢慢起床走動並且尋求專業幫助，而不是 Niksen。（當然我也認知到，有時候抑鬱症會讓你無法移動，這也沒關係。）Niksen 可能不適合你的另一個原因是，你不希望你的生活有任何改變。

此外我們還學習了一個小技巧，讓你可以在做某些事的同時，比如聽音樂或玩耍，誘使自己的大腦進入 Niksen 狀態，而且提出了一些 Niksen 的替代方案，像是積極參與政治活動或者傾聽自己的身體。

“

Niksen 一下

❶ 有沒有哪些情況是你原本想做 Niksen，結果卻做了某種很有益的活動？

❷ 你最喜歡的放鬆方式是什麼？

❸ 你是不是可以輕易進行 Niksen 的那種人？

”

後記

打造 Niksen 烏托邦

這是我在本書中最後一次（在現實生活中肯定不是最後一次）坐在沙發上，思索著 Niksen 為我的生活帶來的種種改變。雖然花了些時間，但我達成了目標。我總算吸取了 Niksen 所能提供的一切好處，如今我的生活可說是一場持續不斷的 Niksen 饗宴。

當我的房子自動打掃乾淨的同時，我躺在沙發上，有時看書、喝茶（老習慣改不掉）。洗好的衣服也自動自發，開心唱著歌從洗衣機跑出來，自己掛上晾衣架，之後自己整齊疊好、收進衣櫃。

我每天快樂、輕鬆地醒來，期待著當天能享受到所有 Niksen 時刻。我從不生氣，我從不疲倦。畢竟，如果你在進行 Niksen 時產生任何負面情緒，就表示你做錯了！由於我已修成這門荷蘭的放空藝術，我自己也趨於完美了。只要去嘗試，你一定會成功。不管你正在做什麼，停下來，一切都將按部就班進行。

你不相信我，對吧？我真希望你不相信，因為這仍然是我虛構的情節。

實際上，日常瑣事還是讓我疲於應付，我還是覺得我應付不來所有事情。我還是想拜託我那位擔任遺傳學教授的母親複製一個我，讓我在家有個幫手。

她拒絕了，但要是有幾個奧爾嘉來幫我處理雜務，不是很棒嗎？

當我終於有點空閒，我很少把它全部用來做 Niksen。事實上，這通常也是我想起還有一大堆事情等著我處理的時候。

我的生活過去是，現在是，而且可能永遠都會是，一團混亂。多虧了磁板，我不再忘記約會的時間，這點算是進步了。但在其他方面，我還是經常被弄得暈頭轉向。我依然欠缺荷蘭父母似乎與生俱來的無窮耐性和情緒控制能力。

你一定會奇怪，這個人竟然想教我 Niksen？這傢伙到底想怎樣？沒錯，我在本書起頭開了個玩笑，現在又分享了我個人在相關領域中的許多挫折，但 Niksen 絕不是玩笑。我相信 Niksen 的運用範圍遠遠超越我們個人的忙碌生活。它傳達的訊息比這大得多，重要得多。讓我們展望一下未來，看清楚它的樣貌，之後我們便能了解在大環境中，我們能運用 Niksen 達成什麼。

未來有什麼？機器人、壓力和更多忙碌！

根據《忙碌》一書作者克拉布的說法，在短時間內我們還擺脫不了忙碌狀態。「這不是你的錯。」他帶點安撫意味地說。事實上，儘管機器人和人工智慧接管了我們的部分工作，我們仍然會忙不過來。這種先進科技將需要我們付出更多關照，讓我們更疲於應付。加上這項科技日趨複雜，這也使得不插電和什麼都不做變得更加困難。

我最擔心的是壓力級數越來越大，職業倦怠越來越普遍，特別是在千禧世代身上。而這種壓力和當前日趨嚴峻的經濟不穩定、醫療保健費用上漲以及氣候危機有關。許多人們正遭受著和氣候變化相關的焦慮，就是所謂的生態焦慮（eco-anxiety）。這些都是需要我們立即給予關注的嚴肅問題。

我說這些不是為了讓你沮喪，事實上，我相信此刻正是我們開始想像一個更美好的世界、一個繁榮興旺的世界之時。正如荷蘭歷史學者羅格·布雷格曼在《現實主義者的烏托邦：如何建構一個理想世界》一書中指出的：當今我們視為理所當然的許多自由和特權，在過去只不過是智者腦袋裡的想法。

事實上，「目前在政治上看似不可能的想法，有一天或許會成為在政治上避免不了的。」而這些想法全都始於一個問題：要是……會如何？

要是……會如何？

在《從如是到如果：釋放想像力、創造理想的未來》一書中，作者兼環保人士羅布·霍普金斯描述了一個烏托邦，並舉出一些居民自己生產食物，為孩子們創造玩耍和自由奔跑空間的社區型態。他提到鼓勵想像力的學校、道德銀行和工作場所。他的憧憬似乎不太真實，特別是剛開始，然而他所描述的計畫是有現實基礎的。

烏托邦或許沒有我們想像中那麼遙遠，世界上已經有好幾個適合施行Niksen的地方，包括荷蘭。我已經勾勒出我對一個Niksen盛行的未來的想像，我想和你分享。它絕非「僅僅是」無所事事，下面是關於Niksen烏托邦的幾個想法。

我們可以重新定義生產力

總的來說，現在正是我們重新定義生產力的時候，以便 Niksen 能在這個定義中占有一席之地。擁有效能不只是取決於我們的努力程度或工作時數，甚至也與我們的成就無關。我們必須捨棄人的價值必然和他的生產物有關的觀念。

相反地，我們應當可以坦然地說：「我今天讓我的家人平安活著」，並且把它看成極有成效的一天。或者更好的是，「我在沙發上待了一整天」，而依然覺得自己是個有成就、有價值的人。有些日子我們可能需要這麼做，而且必須相信它的好處會感染其他日子。

我們可以向其他文化學習

世界各國多的是可以教我們如何擁有美好生活的理念，儘管我真的認為 Niksen 對我們比 hygge 和正念有用得多，我還是很高興世界上有那麼多健康新趨勢。多虧了這種多樣性，讓我們可以根據個人條件和性格，去精挑細選適合自己的健康法。

荷蘭人很懂得享受生活，不管是騎單車越過沙丘、鄉間，或者在gezellig的咖啡館吃油炸點心。他們還能教我們常態的重要性，對他們來說常態已經夠瘋狂了。本著維持常態的精神，認為Niksen很棒但也要注意適可而止，算是一種很符合荷蘭精神的結論。我們也要多出去走動，而不只是窩在家裡Niksen，不管我們多想這麼做就好。我們需要親人朋友、同事和老闆。

在這同時，想要暫時擺脫工作和責任、偶爾休息一下的欲望是舉世皆然的，不管我們來自何方，住在哪裡。事實上，我甚至敢大膽地說，正是對Niksen的渴望讓我們緊緊相繫。我們當中有些人叫它Niksen，另一些人稱它為甜甜沒事（dolce far niente），或者讓你內心的豬頭狗放出來，或者美味的無所事事。

人需要一些膽識，甚至是猶太人稱作chutzpah的東西，這是意第緒語中的膽識或勇氣，才能任性而毫不羞愧地什麼都不做。

我認為重要的是，我們不能為了別人選擇的生活方式而羞辱他們。「差異性有它的價值，知道其他地方的人生活方式不同，而且那對他們是行得通的，也有其價值。對於什麼是可能的，我們的想法和觀點太有限了。」中世紀研究者伊琳娜．杜米特雷斯庫說。

在我的祖國波蘭，我們有 Jakoz to bedzie 哲學。它可以譯為「船到橋頭自然直」，是因應困境的最佳解答。「幸福波蘭風格是走出自己的舒適圈，去做一件逆向操作、看來沒什麼道理的事，努力改變現狀。」這正是我們擁抱 Niksen 所需要的態度。

我們可以對抗氣候變化

另外還有不少急迫議題要關心，最近幾個夏天是迄今為止最熱的，而許多統計資料預測未來還會更熱。歐盟已經發布氣候危機，並敦促它的成員國在二〇五〇年以前把溫室氣體排放量降到零。根據估計，我們可能已經越過平衡點，回不去了：極地冰帽正在融化，珊瑚礁正在消失，被稱為「世界之肺」的亞馬遜雨林正面臨嚴重乾旱和森林砍伐危機，而瑞典、俄羅斯北部和美國等國家頻頻遭到危險野火的肆虐。

荷蘭地處海平面以下，水位上升是迫在眉睫的威脅。在這裡，氣候變化問題更為緊迫。「西元二一〇〇、二四〇〇或四〇〇〇年可能是荷蘭的最後保存期限。」蒙內克在烏特勒支大學網站的專欄文章中寫道。正如他所說，這個國家的消失不是「會不會」而是「什麼時候」的問題。全國各地的堤防都在加強和提高，而跟浮動房屋相關的各種前瞻科技止積極發展。創新者考慮的是順應而不是對抗水，但這是否足夠？

我們需要明智的抉擇來因應這場危機，而且刻不容緩。當來自世界各地的健康新趨勢對我們的幫助微乎其微，因為它們大都把重點放在個人或家庭，而不是為未來做準備，我相信 Niksen 能帶來一些新的啟發。我們無法用冥想讓地球脫離氣候危機，我們無法溫馨舒適地窩在家裡，任由街頭弱勢族群的生存面臨威脅。然而，我們可以 Niksen 一下，讓我們的身心恢復活力，重新充電，以便思考出更明智的解決方案。然後我們可以開始著手去做。

更重要的是，Niksen 不會對環境造成威脅。我們之所以給自己帶來氣候危機，是因為我們消耗太多，浪費太多，做得太多。做 Niksen 時完全沒有這些問題。英國廣播公司（BBC）最近的一篇文章支持縮短每週工作天數，不是因為我們工作過度，而是為了保護氣候，可說是一舉兩得。

該是為這種無止境的經濟野心踩煞車的時候了，持續的經濟增長要求我們越來越努力工作，但是目的何在？即使經濟無限增長，我們難道可以一直不斷地做更多，消費購買更多，給環境更多負擔？解決辦法呢？逆成長（De-growth），靠 Niksen。

我們可以追求滿足來取代幸福

我們都想追求幸福，這是人的天性。研究 Niksen 時，我和許多專家和研究者討論幸福，了解到最好別把它當做一種目標，而要把它看成美好生活的副作用。我也發現，它對不同的人代表著不同的東西。追求幸福的途徑絕非只有一種。

許多人陷入了一種近乎輕率、充滿壓力的幸福追求。我建議，與其這樣，我們不如轉而追求荷蘭人非常擅長的東西：滿足。他們很幸福，但他們幸福得不過多過滿、不標新立異；他們的幸福通常比較安靜、克制。事實上，這種滿足感是來自擁有足夠的空閒，感覺自己是受社區歡迎的成員，知道萬一疾病或失業之類的災難來襲時，會有穩定的支持網絡可以依靠。

在某些文化中，對幸福的追求似乎不那麼顯著，甚至就算露出一臉愁苦、沒有笑容也完全可被接受。就拿波蘭來說吧，抱怨是有史以來最受歡迎的一種消遣，就像湯馬斯．利斯在《Jakoz to bedzie，波蘭語的祝你幸福》一書中的描述，波蘭人把抱怨看成和他人建立親密關係的方式，而它能帶來滿足感。

Niksen 讓我們有時間去省思，撇開一切，想想自己喜歡和不喜歡把時間用在哪些地方。Niksen 賦予我們生命意義，因為它讓我們明白什麼是真正重要的事，讓我們有勇氣去決定自己參與社會的方式。

我們可以建立支持性社區、支持性政府、支持性鄰里

二〇一七年的一項蓋洛普民調顯示，美國有許多人把他們所謂的「大政府」看成一種威脅。然而，各種支持親職、允許人們休假、保護社會弱勢成員的政策不只是常識問題，這些政策還能提升人們的幸福安康。現代家庭協會（Council of Contemporary Families）的一項研究發現，在那些最重視親職的國家，父母與非父母之間的幸福感差距也最小。至於差距最大的國家？是美國。

正如家庭歷史學者庫恩茲在《不存在的往日情懷：美國家庭與懷舊陷阱》書中所說，「在那些認為養育孩子的工作太重要，不能全丟給父母的社會裡，

孩子們也發展得最好。」難怪荷蘭人能養出全世界最幸福的孩子：他們的父母擁有政府、日托機構和家族的強大支持。

我們需要加拿大作家、社區組織者瓦里歐所說的社區照護（community care），他在一篇相關文章中如此描述這個概念：「人們致力於將自己的特權運用在以各種方式相互幫助。」自我照護（self-care）也是類似的概念：它太重要了，不能全部丟給個人。我們必須以社區為主體不斷努力，並且要求我們的政府為我們的福祉做出投資。

多虧 Niksen，世界更和平？

世界在變，荷蘭也在變。但改變不一定是往好的方向發展。「社交網絡很重要，但不如以前重要。政治對社會的支持也不若以往。政府預算緊縮，沒有足夠資金用在醫療保健和社會保障。」卡洛琳・海明總結地說。

「荷蘭人的壓力因而加劇，這點在職業倦怠統計資料中尤其可以明顯看出。我們也看到學生身上的變化：他們壓力很大，因為這年頭，學校對他們的期待更高了。而且他們的經濟壓力也比過去更大，學生貸款更沉重。」她補充說。過去，荷蘭的學生會在求學期間獲得一筆非常充裕的生活津貼。傳統的荷蘭特色，像是對常態的熱愛也在改變中。如今，荷蘭人希望與眾不同，這是新的現象。「追求卓越的雄心正在滋長。荷蘭是個小國，大家彼此認識，我們很想成為英雄。」卡薩琳娜．哈弗坎普說。

但她又補充：「有些聲音告訴我們，要當心這個現象。最好能讓孩子們覺得自己不需要勝過別人，最好能讓他們知道如何做自己，了解自己有什麼才能，擅長什麼，然後加以發揮。我們不需要人人都當英雄。」

「這正是為什麼我喜歡 Niksen，」哈弗坎普告訴我：「我們應該把 Niksen 排入日程。我們需要一些時間什麼都不做，只是吸收，停止奔波，享受寧靜。」哈弗坎普認為，Niksen 能幫助我們面對這個瞬息萬變的世界，讓我們有時間省思新的生活以及共處、溝通之道。

卡麗．萊伯維茲也有同感：「我認為你既需要個人思維模式的配合，也需要制度性的改變。個體形塑文化，文化形塑個體。」她說。前進的道路是通過社區的，克拉布稱之為 Niksen 社區，在這裡可以自在地做 Niksen，休息一下，在陽光下坐一會兒。

因此，儘管我對未來感到焦慮，我也看到了進行中的變化。我看到許多人接受一種較悠緩的生活方式，肯花時間省思。我看到人們拒絕忙碌，盡量找時間去做自己熱愛的活動。我也看見一股對 Niksen 的強大興趣。這給了我希望。

甜蜜美好的無所事事

當我在本書最後一個字後面輸入最後一個句號的那天，我花了一點時間領會我剛完成的大事。我寫了一本書，不錯吧？我又盯著電腦看了幾秒鐘，做了最後幾處修訂，然後把這最後一章發給編輯。然後我又莫名地盯著電腦看了一陣子。

我注意到喉嚨裡有一種熟悉的搔癢感，那是過去十天一直伴隨著我的感冒的末尾。我才剛開始感覺好點了，也可能這是又一場感冒的開始，荷蘭的天氣真的很難說。

和平常的每個週四一樣，我去上荷蘭語課，然後趕到商店買晚餐的食材。到家時，我正好看到校車開進我家的車道。我給孩子們做了點心，設法讓他們忙到晚餐時間。我打算做我女兒最喜歡的炒飯。

但在下廚之前，我把一直在冰箱裡等著我的牛角酥麵團攤開來。烘焙牛角酥是非常耗時的工作，需要注意的細節太多了，從奶油的確切溫度到折疊麵團的確切次數，才能做出這種甜點特有的美味蓬鬆層。很多環節可能會出錯，因此你必須格外留神。

但是烘培牛角酥也給了我充裕的 Niksen 時間，發麵或靜置醒麵，或者等奶油冷卻。在忙碌的生活中，做牛角酥給了我放慢腳步的機會，讓我不得不時常停下來，什麼都不做。

晚餐後，我收拾乾淨，設法讓孩子們穿上睡衣。等我把他們送上床，趁著我丈夫還沒回家，我往我們那張油亮的棕色新沙發一坐，全身裹著毛毯。然後我什麼也沒做，感覺美妙無比。

— “ ——

Niksen 一下

❶ 你覺得 Niksen 哲學如何？

❷ 你認為它能不能幫助我們應付一個日趨動盪不安、全球化且勢不可擋的世界？

❸ 本書的哪些部分對你最有幫助？

—— ” —

附錄

附錄 1　Niksen 客宣言

我們是誰？

我們是「Niksen 客」（Nikseneers），這名稱來自 niksen，它是荷蘭語，意思是什麼都不做。Niksen 是一種荷蘭生活哲學，指的是不帶有目的性的無所事事。也就是說，我們無所事事不是為了讓自己更平靜，成為更好的人。我們這麼做沒有原因。

Niksen 意謂著不工作，不表現情緒勞動，不做正念。它也不是自私、怠惰或無聊。相反地，Niksen 可以為社區做出貢獻。它不是瀏覽 Facebook、看 Netflix 影片，或者查看電子郵件。有人會說，做這些活動也都是無所事事，但它們不是。

什麼都不做的渴望一直都存在，世界上每個國家都有。這就是為什麼Niksen可以和世界上的其他潮流和運動彼此呼應，如英國的懶人運動，義大利的甜甜沒事（Dolce far niente）概念，或中國的無為哲學。因此，想要什麼都不做其實再正常不過了。

我們這群Niksen客受夠了各種健康新趨勢，這些趨勢老是要我們做更多，買更多，或者變得更好。我們對自己的現狀很滿意，而且坦然接受它。

我們相信什麼？

我們相信無所事事能使我們更有效能，藉由在日常工作中不時小歇一下，我們能成為更好的員工，避免倦怠，更謹慎、從容地投入工作。

我們相信Niksen能讓我們更有創意，因為它讓我們有時間去發想真正新穎、富有原創性的點子，而不是因循一些舊的東西。Niksen讓我們的想法有機會互相碰撞，產生我們從未有過的洞見。

我們相信Niksen能讓我們的無意識腦有時間去審視所有可能的選擇，並做出最好的抉擇，從而使我們成為更好的決策者。

我們相信每個人都應該從工作、家庭甚至健身活動中得到休息，而不必為了我們所做的（或者沒做的），被別人說我們做得不夠，或者受到批判。

我們想要什麼？

我們想要減少忙碌，多花時間在我們的興趣、嗜好和熱愛的事情上。我們想要有更多時間做 Niksen。

Niksen 不該只是個人的責任，我們希望得到國家、城市、社會和社區的支持。我們想要更平等的分工，好讓每個人都能得到自己的 Niksen 時間。我們希望各種無形的、被忽略或低估的勞動形式能夠得到重視，而這些通常是由弱勢族群承擔。

我們想要的不只是偶爾發揮生產力的權利，還要能玩耍、嬉鬧、做實驗、嘗試新事物。在那之後，我們想要能夠坐下來，仔細端詳地毯上的圖案，然後慢慢考慮接下來要做什麼。我們希望社會對 Niksen 的態度更開放，不會在我們做 Niksen 的時候指責我們。

我們想要重新定義生產力，讓我們的價值不再取決於工作多少時數或者生產多少東西。

我們想讓世界變得更有利於 Niksen 發展，而這就從我們開始。

歡迎加入我們的 Facebook 社團「The Nikseneers」，我們是一群熱愛無所事事的人！

附錄2 Niksen小秘訣

工作中

- 把一部分休息時間用來做 Niksen，盯著電腦，凝視辦公室的窗景，閉上眼睛。
- 等著吃午餐時，不要查看手機。坐下來，什麼都不做片刻。
- 當你發現自己無法專注，離開電腦，做一下 Niksen。
- 搭火車上下班時，花幾分鐘停止看電郵或瀏覽 Facebook，改而什麼都不做。
- 遇上塞車，別動怒。深呼吸，什麼也別做。
- 可能的話，找個安靜的房間或地方做 Niksen。

- 剛到達公司時，別急著上工，試著從居家模式轉換成工作模式，靜坐幾分鐘，什麼也別做。
- 工作結束，準備回家時也一樣這麼做。
- 你可以藉由花點時間做 Niksen，來強調不同任務間的轉換。
- 只有在你非出席不可的時候才參加會議，你可以利用空出來的時間什麼也不做。

在家中

- 重新安排家具，讓它更方便 Niksen 的進行。舒適的椅子、沙發和閱讀（或 Niksen）小角落，都是幫助你輕鬆進入 Niksen 時刻的好方法。
- 不工作或不做家務時，試著坐下來、什麼也不做來放鬆一下，就算只是幾分鐘也好，然後才起身去處理接下來的事。
- 如果你在家工作，記住，你也有權停工休息，而這些空檔便可以用來做 Niksen。

- 要記住，做家務、情緒勞動和撫養孩子都是工作，因此你有權休息。
- 我再說一遍：照顧孩子和家務都是工作。同樣地，你有權享有可以利用來做 Niksen 的休息時段。
- 用幾分鐘 Niksen 來標記每件家務的結束。
- 看書時，暫時把書放下，花幾分鐘什麼也不做（或者想想書中人物在做什麼）。
- 當你發現自己漫不經心地瀏覽 Facebook，停下來做做 Niksen。
- 當你因為工作或陪伴孩子（或兩者兼有）一整天而累極了，但還不想上床睡覺，就 Niksen 一下。
- 當你躺在床上卻睡不著，起來給自己泡點洋甘菊茶，邊喝茶邊 Niksen 一下。或者躺在床上片刻，什麼也不做。

在公共場所

- 當你搭公共運輸工具到某地，別抓著手機不放，花幾分鐘什麼也不做。

- 萬一遇上塞車也一樣。
- 大自然，像是海灘、公園、樹林或山間，都是做 Niksen 的絕佳地點。
- 如果你必須等巴士，就把這段空檔用來做 Niksen。
- 等候門診時也一樣。
- 或者等任何預約，都可以這麼做。
- 當你的孩子忙於某種活動，不需要你持續照應，利用這段空檔什麼也不做。
- 當你陪孩子們在遊戲場上玩耍，暫時關掉手機，別忙著瀏覽社群媒體。不，沒有指責的意思，我們都這麼做過。
- 當你在咖啡館或餐廳，等待你的約會對象或朋友到來，花幾分鐘什麼都不做。
- 當你在劇院或電影院，在表演或電影開始前，花點時間什麼都不做，為眼前的娛樂作好心理準備。

附錄3 向荷蘭人學習 Niksen

1 直來直往

荷蘭人的直接坦率可能會讓來自其他文化的人感到困惑，因為在這些文化中，禮貌和好品德的準則會阻止人們說出露骨的言論。因此荷蘭人常給人粗魯的印象。但是荷蘭人的率直談不上粗魯，那只是他們的溝通方式。

我得承認，剛開始我覺得荷蘭人的坦率很令人惱火。但我學會了欣賞它，並且看出它的優點。它能讓彼此迅速消除疑慮。荷蘭人不拐彎抹角，只給你事實，或者他們的意見。如果能正確理解這種率直的作風，它的效力可能十分強大，更別說效率了。所以，如果你正在做 Niksen，不必害怕公開談論。

2 包容別人的 Niksen 時間

荷蘭人的一個典型特色是所謂的 verzuiling，意思是分隔，可以解釋為「各走各的路」，或者「自己活，也給別人一條生路」。也就是說，雖然每個人都被期待為社會做出貢獻，但幾乎所有生活方式的選擇，就算沒有公開被接受，起碼也會被容忍。此外，社會各階層都有權站出來發表意見。決策也都是通過共識而形成。

結果就是，在荷蘭，就算有人反對 Niksen，Niksen 客也能得到他們的 Niksen 時間，而不會遭到他人的排斥。

3 創造一個有利 Niksen 的環境

在荷蘭，大自然得到極為用心的照料和保護。你的環境影響你的感受，也許這是荷蘭人如此快樂的原因之一。所以，何不學學這點，讓你的家和辦公室變得有利於進行 Niksen。擺幾張舒適的沙發，為自己營造一些 Niksen 小角落。使用綠、藍等能讓心情平靜的顏色。讓家具面對壁爐或窗戶，而不是電視。把電子裝置放在需要時方便取用的地方，但要遠離視線，免得你一直忍不住想上網。

無論你住在哪裡，你都會在公園裡發現許多適合做 Niksen 的長凳，還有建築物上的觀景臺，或者自然環境，像是森林、海灘或沙丘。出門去，物色幾個中意的 Niksen 地點。

4 把 Niksen 排入日程

荷蘭人做任何事都得先查看一下日程表，那些對社交生活比較隨興的人可能會不習慣，但荷蘭人就是這樣安排事情的，以確保有時間去做一切構成美好生活的事：工作、友誼、家庭、嗜好、運動和休閒。我認為這很棒，因為既然他們那麼精於安排約會，當然也會精於預定進行 Niksen 的時間。想想看：你已經預定了看醫生的時間，何不也安排一些 Niksen 時段？這對你的心理和身體健康同等重要。

5 在一天當中尋找 **Niksen** 空檔

許多荷蘭人對 Niksen 持懷疑態度，不相信他們有時間這麼做的一個原因是，他們用別的方式來稱呼它，例如騎單車、到海邊玩，或者和朋友廝混。但有時候，比如在一個陽光燦爛的日子，荷蘭人在北海游泳過後，會躺下來（用毛巾墊在沙灘上），真正做起 Niksen。

你也可以這麼做，而且根本不需要海灘。只要多留意，你會發現可以使用的 Niksen 時間太多了：例如在門診等候的空檔，或者等巴士的時候。我把這些時刻稱為「Niksen 空檔」（Niksen pockets），你要做的就只是睜大眼睛注意，然後好好享受 Niksen 時光。

6 正常就好

在荷蘭，極端的情緒爆發至少會被視為怪異，甚至不真誠或虛假。一個典型的說法就是：doe maar gewoon，dan ben je al gek genoeg，意思就是，光是行為正常，就已經夠瘋狂了。在荷蘭，抱怨或吹噓自己一直在工作，或者做得比別人多，是不被接受的。誇耀自己的成就或者刻意突顯自己，都是很不好的行為。別想當超級英雄，正常就好。

而且要記住，想要無所事事是很自然的事，正常得很。

7 持批判態度

荷蘭人是批判性思想家，不太可能一下子就接受他們遇上的任何新的潮流趨勢。這就是為什麼在美國媒體報導之前，他們根本沒把 Niksen 當一回事。面對一些承諾你會變得更健康窈窕、更完美的健康新趨勢時，抱持批判態度是好的，因為它們多半辦不到。

而且，對荷蘭人來說，在新資訊出現時改變觀點，是完全可以接受的。所以，學學荷蘭人：看 Niksen 是否適合你。如果不適合，請換個環境再試試，看看會如何。如果依然沒什麼效用，那就改採別的健康法，無妨。

致謝

我以為寫這本書會很辛苦，實際上也是，但我沒想到會這麼有趣。這點主要得感謝我那位出色的編輯海蒂·德·弗雷。當初妳要我「帶著玩心」寫這本書，我還有點懷疑。但妳一直都是對的。妳機智周密的校訂編排十分貼切，使得本書大為增色。

能和海蒂以及其他任職於 Kosmos Uitgevers 出版公司的人員合作，是每個作家的夢想。寫書是一種孤獨的歷程，能有人來牽著你的手，給予你親切的指引和嚴格的期限是非常重要的。

卡麗·巴拉德，妳靈敏的眼睛捕捉到每一個輸入錯誤和矛盾之處。

茱莉亞·弗丹伊，伊琳娜·福米契夫，還有「故事共享」（Shared

Stories）網站的每一位朋友，是你們對本書的奉獻以及對它所傳達訊息的信任，使得它能夠以那麼多的語言發行。

當我看到伊娃·甘斯古怪幽默的繪畫風格，我知道我正欣賞著極為奇特的作品。妳的插畫不僅僅是本書的附加物，它們是藝術品。我很榮幸妳能為我創作這些插圖。

泰瑞莎·費雪，妳讓我那篇關於什麼都不做的古怪故事，有機會在《羊毛雜誌》（Woolly Magazine）上發表，給了 Niksen 哲學一個完美的家，也開啟了令我意想不到的世界。

提姆·赫雷拉，當你拒絕了我提供給《紐約時報》智慧生活版的 Niksen 點子之後，回了封電郵給我，並寫下這句令人振奮的「也許我們可以再談談？」從此改變了我的人生。感激不盡。

米雪・哈奇森、馬雷・皮特納，感謝兩位提供寶貴的出版和翻譯權利建議。與你們對談讓我學到了很多關於傳統出版世界的寶貴知識！

我很幸運有一支聰慧、忠誠的女性團隊來協助我經營社群媒體。我信賴的視覺分析師（VA）漢娜・切達在我寫本書的期間堅守陣地。皮娜・塔罕幫我管理「Niksen 客」臉書社團。謝謝妳們。

感謝我的丈夫尼可萊，沒有他，我將徹底地迷失。既會迷失方向，也會迷路。

還有我的孩子們，在我寫這本書的期間表現絕佳，而且貢獻了許多睿智的見解和想法。感謝你們對我說：「媽咪，妳應該寫這本書。」當他們發現我的同名同鄉女作家奧爾嘉・朵卡萩（Olga Tokarczuk）獲得二〇一九年諾貝爾文學獎，他們說：「這表示下一個就是妳！」謝謝你們對我有信心。

感謝我的父母，伊娃和亞歷克西．巴尼克支持我，以我為傲；我的弟弟維特，在緊要關頭幫我修理印表機；我的弟媳戈西雅．威爾，和我做了許多關於工作和休閒時間的討論；我的公公婆婆，伊娃和邁可．麥金，和我進行了許多關於 Niksen 的有趣談話。也要感謝他們，在我們把出書的事告知他們時給予的支持和鼓勵。

感謝荷蘭人民給了我一個家，謝謝位在荷蘭台夫特的日托中心的保母們幫助我保持神智正常，或許也救了我一命。瑪珍．西蒙斯，妳對荷蘭語的熱情極具感染力。Hartelijk bedankt（荷蘭語：謝謝）妳把它傳授給我。

謝謝所有在網路上協助我做決定的網友，我那張用來做 Niksen 的沙發（棕色、全新又閃亮）到底是一張油亮、嶄新的棕色沙發，還是一張新的閃亮的棕色沙發，這點我到現在仍然不太清楚，但在那一天，你們在我最需要支持的關頭，締造了令我難忘的一天。

我最喜歡的Facebook社團：The Binders、多元文化兒童部落格（Multicultural Kid Blogs）、HWP、拙媽咪（BLUNTmoms），當然，還有Niksen客（Nikseneers）！

謝謝你們！

國家圖書館出版品預行編目資料

無所事事之必要：荷蘭Niksen幸福生活學/奧爾嘉．麥金 著；王瑞徽 譯．-- 初版. -- 臺北市：平安文化, 2021.08
面；公分. --（平安叢書；第690種）(Upward；119)
譯自：Niksen: Embracing the Dutch Art of Doing Nothing

ISBN 978-986-5596-24-8（平裝）

177.2　　110009559

平安叢書第690種
UPWARD 119

無所事事之必要

荷蘭Niksen幸福生活學

Niksen:Embracing the Dutch Art of Doing Nothing

作　　者—奧爾嘉．麥金
譯　　者—王瑞徽
發 行 人—平　雲
出版發行—平安文化有限公司
臺北市敦化北路120巷50號
電話◎02-27168888
郵撥帳號◎18420815號
皇冠出版社(香港)有限公司
香港銅鑼灣道180號百樂商業中心
19字樓1903室
電話◎2529-1778　傳真◎2527-0904
總 編 輯—龔橞甄
責任編輯—陳思宇
美術設計—葉馥儀、李偉涵
著作完成日期—2020年
初版一刷日期—2021年08月

法律顧問—王惠光律師

讀者服務傳真專線◎02-27150507
電腦編號◎425119
ISBN◎ 978-986-5596-24-8
Printed in Taiwan
本書定價◎新臺幣350元/港幣117元